KUCKUCK

Was ist ein Kuckuck?
Der Kuckuck ist ein mittelgroßer Vogel und ein geschickter Flieger mit langen spitzen Flügeln. Die Männchen besitzen ein grau gebändertes und die Weibchen ein braun gebändertes Gefieder. Der Kuckuck ist ein Frühlingsbote: Von April bis Juli ist sein typischer Kuckucksruf zu hören – deshalb heißt der Kuckuck auch Kuckuck.

Wo lebt der Kuckuck, und was frisst er?
Der Kuckuck ist ein Zugvogel, denn er findet bei uns im Winter keine Nahrung. Die meiste Zeit des Jahres verbringt er in Afrika. Als Langstreckenflieger kann er in einem Jahr bis zu 12.000 Kilometer zurücklegen. Er baut selbst kein Nest, weil ihm durch die langen Reisen wenig Zeit dafür bleibt. Der Kuckuck ernährt sich von großen Insekten wie Käfern, Libellen, Heuschrecken, und er frisst sogar pelzige Raupen.

Welche Superkräfte besitzt der Kuckuck?
Der Kuckuck brütet seine Eier nicht selbst aus. Das Kuckucksweibchen schmuggelt sein Ei in einem unbeobachteten Moment in ein fremdes Vogelnest. Damit der Betrug nicht auffällt, sieht das Kuckucksei den Eiern der Wirtsvögel zum Verwechseln ähnlich. Der kleine Kuckuck schlüpft als Erster und drängt die anderen Eier und Jungvögel aus dem Nest. Mit lautem Geschrei bettelt er um Futter und ist bald größer als seine Pflegeeltern.

SCHLAUBERGERVORTRAG VON HERRN GÜNTER

Die kleine Schnecke auf den Seiten zeigt an, wann man beim Vorlesen sehr gut eine Pause machen kann.

1. Auflage 2023
Originalausgabe

Mit freundlicher Unterstützung von Brotmann & Töchter GmbH
und Universal Music Family Entertainment
Einband und Illustrationen: Barbara Fisinger
Fachberatung: Dipl.-Biol. Ralf Rasch
Satz: Simone Horlacher/HarperCollins
Druck und Bindung: PnB Print
Printed in Latvia · ISBN 978-3-7488-0250-1

www.dragonfly-verlag.de
Facebook: facebook.de/dragonflyverlag
Instagram: @dragonflyverlag

Klimaneutral
Druckprodukt
ClimatePartner.com/15109-2009-1001

FSC
www.fsc.org
MIX
Papier | Fördert gute Waldnutzung
FSC® C084698

KATI NAUMANN

Die kleine Schnecke MONIKA HÄUSCHEN

WARUM VERKLEIDEN SICH TIERE?

4 Sachgeschichten zum Staunen und Lachen

Mit Illustrationen von
Barbara Fisinger

DRAGONFLY

1.

Die Kostümparty

Mitten im Gemüsebeet saßen drei sehr verschiedene Freunde beim Frühstück: eine kleine Schnecke mit einem runden Häuschen auf dem Rücken, ein dünner, langer Regenwurm mit schiefer Kappe auf dem Kopf und ein stattlicher Graugänserich mit Brille. Sie hießen Monika, Schorsch und Herr Günter.

Die drei sahen nicht nur ganz unterschiedlich aus, sie waren es auch.

Monika raspelte zufrieden ein winziges Eckchen von ihrem Blatt ab. Schorsch kaute schlecht gelaunt auf einem Erdkrümel herum. Herr Günter stopfte sich

einen ganzen Salatkopf auf einmal in den Schnabel. Und gerade weil die drei so verschieden waren, passten sie sehr gut zusammen.

Besorgt guckte sich Monika um. »Ist auch wirklich kein gefräßiger Vogel in der Nähe?«, fragte sie, und ihr linker Fühler zitterte aufgeregt.

»Doch«, brummte Schorsch und zeigte mit seinem Regenwurmschwanzspitzenzipfelchen auf den Gänserich. »Und zwar ein ziemlich dicker.«

Herr Günter machte sich nichts daraus. »Ich bin nicht dick«, stellte er die Sache richtig. »Ich bin lediglich stattlich.«

Obwohl auch ein Gänserich ein Vogel ist, hatte Monika vor ihm natürlich keine Angst. Er war ihr Freund und futterte nur grüne Sachen. Monika war zum Glück nicht grün. Ihr Schneckenhäuschen hatte eine braungelbe Farbe. Und auch Schorsch war nicht grün. Er war vom Kopf bis zum Regenwurmschwanzspitzenzipfelchen rosa.

Monika schnupperte an einer Blume. Sie wuchs mitten im Gemüsebeet und duftete nach Honig. Plötzlich seilte sich eine winzige Spinne von der Blüte ab.

»Iiiih!«, quiekte Monika erschrocken und zog ihre

Fühler ein. Die Spinne schien genauso viel Angst zu haben. Sie sauste an ihrem Faden wieder in die Höhe und verkroch sich im Inneren der Glockenblume.

»Jetzt habe ich es aber satt«, rief Monika entschlossen.

Erschrocken hörte Herr Günter auf zu kauen. Ein grüner Sabberfaden hing ihm aus dem Schnabel. »Ich bin noch nicht satt«, stellte er klar.

Schorsch legte sein Regenwurmschwanzspitzenzipfelchen tröstend auf das Schneckenhäuschen und fragte besorgt: »Was hast du denn satt, Monika?«

»Das Fürchten«, erklärte sie. »Ich möchte keine ängstliche Schnecke mehr sein.« Dabei guckte sie ganz entschlossen und nickte bekräftigend mit ihren Fühlern.

»Verstehe«, sagte Schorsch und kratzte sich nachdenklich am Kopf.

Eine Amsel ließ sich auf einem Zweig über ihnen nieder und starrte hungrig herab. Sie hörte erst damit auf, als Herr Günter sie mit einem Flügelschlag verscheuchte.

»Und dass wir bei allen auf der Speisekarte stehen, habe ich erst recht satt«, sagte Monika trotzig.

Vor diesen Tieren müssen sich Schnecke und Regenwurm in Acht nehmen

»Ja«, meckerte Schorsch. »Davon hab ich auch die Nase voll.«

»Ein Regenwurm hat keine Nase«, bemerkte Herr Günter.

Schorsch schnaufte. Musste ihn der lästige Gänserich ständig daran erinnern?

»Ach«, seufzte Monika. »Manchmal wäre ich wirklich gern jemand anderes.«

»Das ist leider nicht möglich.« Herr Günter schob sich ein großes Salatblatt in den Schnabel.

»Klar geht das!«, behauptete Schorsch. »Wir verkleiden uns einfach!«

Monika war sofort ganz aufgeregt. Sie würden ein Kostümfest feiern! Aber als was sollte sie sich verkleiden? Suchend guckte sie sich im Garten um. Wer wollte sie am liebsten sein? Vielleicht ein starker, mächtiger Kirschbaum? Oder eine zarte, schwebende Libelle? Plötzlich wusste sie es!

»Ich will etwas ganz Mutiges sein«, verkündete sie. »Ich verkleide mich als Blume!«

»Hä?«, machte Schorsch. Und auch Herr Günter wunderte sich: »Was ist denn an einer Blume mutig?«

Monika zeigte auf das Blümchen im Gemüsebeet.

»Seht ihr? Obwohl eine Spinne auf ihr sitzt, schreit die Blume nicht, und sie rennt auch nicht weg.«

Glücklich mit ihrer Wahl, pflückte Monika eine lila Glockenblume und setzte sie sich als Hut auf den Kopf. Damit sah sie ganz anders aus!

Schorsch wollte sich lieber in etwas Aufregenderes verwandeln.

»Was hast du dir für ein Kostüm ausgesucht?«, erkundigte sich Herr Günter.

»Ist doch klar wie Tümpelbrühe«, sagte Schorsch. »Ich verkleide mich als Nashornkäfer!«

Der hatte nämlich ein Horn am Kopf, das wie eine sehr große Nase aussah. Schorsch guckte sich um und entdeckte im Gras einen Ahornsamen. Der Wind hatte ihn von der Gänseteichwiese herübergeweht.

»Soll ich dir die Nase ankleben?«, fragte Monika hilfsbereit.

»Ja! Und zwar hierhin«, sagte Schorsch und zeigte mit dem Regenwurmschwanzspitzenzipfelchen auf eine Stelle mitten in seinem Gesicht.

Monika sabberte genau dorthin eine ordentliche Portion von ihrem Schnirkelschneckenschleimleim. Der Leim fühlte sich kalt und glitschig an, klebte aber

prima. Die Ahornnase war so lang, dass sie Schorsch die Sicht versperrte und er schielen musste.

Stolz erklärte er Herrn Günter: »Jetzt können Sie mir nicht mehr auf der Nase rumtanzen!«

»Ein Regenwurm hat …«, begann der Gänserich, aber dann unterbrach er sich selbst. »Ähm, nun ja. Ein Regenwurm hat wohl doch manchmal eine Nase.«

Zufrieden schnüffelte Nashornkäfer-Schorsch mit seiner neuen Ahornnase an der Monika-Blume.

»Du duftest prima!«, fand er.

Monika strahlte und war überglücklich. »Jetzt müssen Sie sich aber auch verkleiden«, forderte sie Herrn Günter auf.

Doch der war rundum zufrieden mit sich. Noch nie hatte er etwas anderes sein wollen als ein kluger, stattlicher Graugänserich. Er näherte sich der Monika-Blume und stellte fest: »Du riechst wirklich appetitlich!«

Schorsch klopfte ihm warnend mit dem Regenwurmschwanzspitzenzipfelchen auf den Schnabel. Beinahe hätte Herr Günter Monikas Kostüm gefressen.

Mitten im schönsten Spiel wurden sie von einem Störenfried unterbrochen. Ein schwarz-gelb gestreiftes

Tierische Tricks

Manche Tiere maskieren sich, um harmlos zu wirken und Beute anzulocken. Das nennt sich Lock-Mimikry.

Anglerfisch – seine verlängerte Rückenflosse sieht wie eine Angel mit Würmchen aus. Damit lockt er Fische an.

Fliegenragwurz – sieht aus wie ein Insekt und duftet auch so. Damit lockt diese Orchideenart Grabwespen an und lässt sich bestäuben.

Spinnenfresser – zupft wie ein zappelndes Insekt am Netz einer anderen Spinne, um sie hervorzulocken.

Insekt nahm Kurs auf Monikas Glockenblume. Und da zeigte sich, dass Monika auch mit der Verkleidung keine mutige Blume, sondern noch immer eine ängstliche kleine Schnecke war.

»Hilfe!«, rief Monika. »Eine Wespe!«

Sie wollte in ihr Häuschen kriechen, aber irgendetwas klemmte. Der große Glockenblumenhut passte nicht mit hinein.

Hektisch wedelte Schorsch mit seinem Regenwurmschwanzspitzenzipfelchen herum. Selbst Herr Günter hatte Respekt vor Wespen und versteckte seinen Kopf unter dem Flügel.

»Ist die Wespe weg?«, erkundigte er sich. Seine Stimme dröhnte dumpf durch das Gefieder hindurch.

»Nein«, jammerte Monika, und Schorsch rief: »Komm, wir verstecken uns unter der Brombeerhecke!«

Er kroch voran, aber die Flucht war beschwerlich. Ständig stieß er mit seiner Nase an oder blieb damit irgendwo hängen. Monika folgte ihm. Doch als sie glaubten, endlich in Sicherheit zu sein, starrten sie ein paar riesige Augen aus der Hecke heraus an.

»Hilfe!«, rief Monika. Vor lauter Angst zitterten ihre Fühler. »Hier ist ein Grasmonster!«

Schorsch brüllte: »So ein Mist aber auch!«

Vorsichtig lugte Herr Günter unter seinem Flügel hervor.

Er wusste genau, dass es keine Grasmonster gab. Was für ein Tier mit Monsteraugen saß dann also wirklich im Gebüsch? War es etwa der Kater Stiefel aus dem Nachbargarten? Der hatte Krallen und spitze Zähne! Herrn Günters Gänsebeine schlotterten vor Furcht. Am liebsten wäre er an den sicheren Gänseteich geflattert. Aber er konnte seine Freunde doch jetzt nicht im Stich lassen!

Die kleine runde Schnecke und der lange dünne Regenwurm klammerten sich aneinander fest. Direkt über ihnen leuchteten zwei gruselige Augen aus dem Schatten der Blätter hervor.

Flecken zum Erschrecken

Viele Schmetterlinge und Schmetterlingsraupen tragen Augenflecken, mit denen sie Fressfeinde abschrecken wollen. Besonders wirksam sind die Augenflecken, wenn der Falter sie mit den Vorderflügeln verdeckt und erst bei einer Vogel-Attacke plötzlich zeigt.

Abendpfauenauge

Bananenfalter

Raupe des Weinschwärmers

Herr Günter nahm seinen ganzen Mut zusammen, boxte mit den Flügeln in die Luft und rief: »Weg mit dir, du Ungeheuer!«

Die riesigen Augen begannen zu zittern, und husch, flatterten sie davon. Erleichtert schnatterte Herr Günter los. Das war ja gar kein wildes Tier!

Jetzt erkannten auch Monika und Schorsch, dass sie auf ein Pfauenauge hereingefallen waren: Die großen Flecken auf den Flügeln des bunten Schmetterlings hatten wie gefährliche Augen gewirkt.

Auch Schorsch musste kichern. »Der hat uns ganz schön reingelegt!«

Monika sah dem tanzenden Falter nach und staunte. »Der Schmetterling ist auch verkleidet, wie wir!«

Schorsch kroch aus dem Gebüsch, und schon wieder stieß er mit seiner Nase an. »Aber der hat sich das bessere Kostüm ausgesucht«, meckerte er.

»Allerdings!«, stimmte Herr Günter ihm zu. »Mit dieser Verkleidung schützt sich das Pfauenauge vor gefräßigen Vögeln.«

Ein Schmetterling steht nämlich, genau wie Schnecken und Würmer, bei vielen Vögeln auf der Speisekarte.

Schorsch blieb an einem Zweig hängen. Er hatte gar nicht gewusst, wie unpraktisch eine lange Nase war. Wütend riss er sie ab. »Ich will lieber ein anderes Kostüm!«, erklärte er.

Da tauchte plötzlich erneut das schwarz-gelb gestreifte Insekt auf und summte um die kleine Schnecke herum. Wieder war die Glockenblume im Weg und versperrte Monika den Rückzug in ihr sicheres Häuschen. Ihr Kostüm war wirklich sehr hübsch. Aber leider eben auch sehr unpraktisch.

Das Insekt blieb direkt über ihr in der Luft stehen. Herr Günter sah genauer hin und stellte fest: »Aber das ist ja gar keine Wespe, sondern eine harmlose Schwebfliege.«

Wespe oder Schwebfliege?

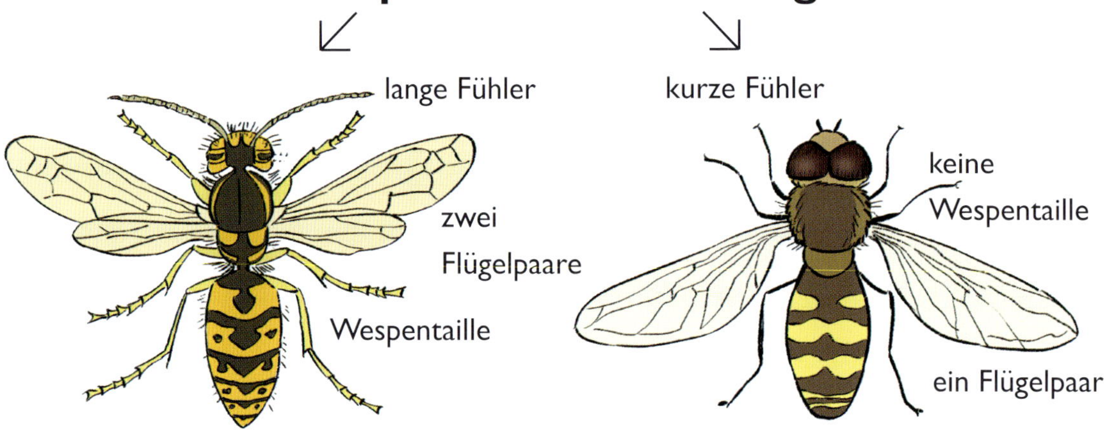

»He! Sie haben mich verpetzt!«, ärgerte sich die Schwebfliege. »Sie sind ein Spielverderber!«

Sie schwebte hinab ins Gras und verschränkte beleidigt ihre sechs Beine. Misstrauisch kroch Schorsch um die seltsame Fliege herum und betrachtete sie von allen Seiten.

»Tatsache, kein Stachel«, stellte er erstaunt fest.

Monika atmete erleichtert auf.

Nun, wo er wusste, dass keine Gefahr bestand, wurde Schorsch wieder mutig: »Du bist eine Schwindelfliege!«, ärgerte er die Fliege.

Die zog ein beleidigtes Gesicht. »Ich bin keine Schwindelfliege«, sagte sie. »Ich bin die Jaqueline.«

Sie erhob sich in die Luft, schwebte über Monikas Glockenblumenhut und krabbelte in den Kelch hinein. Mit ihrem langen Rüssel saugte sie Nektar heraus.

Monika kicherte. »Du hast mich gekitzelt!«

»Oh«, sagte Jaqueline erschrocken. »Entschuldigung, ich habe dich mit einer Blume verwechselt.«

»Die Monika hat sich bloß als Blume verkleidet«, erklärte Schorsch.

Jaqueline staunte. »Feiert ihr etwa ein Kostümfest?«

Als Monika nickte, wurde sie ganz aufgeregt. »Ich trage auch ein Kostüm! Ich habe mich nämlich als Wespe verkleidet! Darf ich bei euch mitfeiern?« Sie klatschte in alle ihre Hände und bettelte: »Bitte, bitte, bitte!«

Monika war begeistert. Je mehr bei einem Fest mitfeierten, umso größeren Spaß machte es. Außerdem mochte sie die lustige Schwebfliege.

»Natürlich darfst du mit uns feiern!«, stimmte sie also zu.

Jaqueline wurde rot vor Freude. »Toll! Ich bin noch nie zu einer Party eingeladen worden!«, erklärte sie glücklich. »Weil mich immer alle für eine Wespe halten und mich wegjagen.«

Schnell putzte die Schwebfliege ihre großen Augen und glättete die zarten Flügel. Dann drehte sie sich einmal um sich selbst, damit alle ihre Streifen bewundern konnten. »Wie seh ich aus?«, fragte sie.

»Wie eine stachelige Wespe«, fand Schorsch, und Monika schüttelte sich. »Willst du nicht lieber so ein hübsches Blumenkostüm anziehen wie ich?«

Aber Herr Günter fand ein Wespenkostüm viel schlauer. »Damit kann man seine Feinde erschrecken«, erklärte er.

Wehrhafte Tiere und harmlose Nachmacher

Harmlose Tiere ahmen das Aussehen anderer, zum Beispiel giftiger Tiere, nach, um Angreifer abzuwehren. Das nennt sich Schutz-Mimikry.

Ameise und Ameisenspinne

Korallenschlange und Königsnatter

Monika staunte. »Wirklich?«

»Klar!«, versicherte Jaqueline. »An mich traut sich kein gefräßiger Vogel ran.«

Auch Schorsch war begeistert. So ein Erschreckerkostüm war ja noch viel besser als eine falsche Nase!

»Juchhu!«, rief er und riss seine Kappe vom Kopf. »Ich verkleide mich auch als Vogelschreck!«

Jaqueline bot an, ihm dabei zu helfen. Sie brach ein Weidenkätzchen ab und tunkte die flauschige Knospe in Monikas Blumenhut. Gelber Pollen blieb daran hängen. Wie mit einem Pinsel strich Jaqueline mit der Knospe über Schorschs Bauch.

Er musste kichern. »Das kitzelt!«

Eifrig malte die Schwebfliege jetzt viele gelbe Ringel, bis der Regenwurm von oben bis unten gelbrosa gestreift war.

Monika staunte. »Du siehst so elegant aus, Schorsch!«

»Wie ein Ringelwurm«, behauptete Herr Günter.

Das gefiel Schorsch überhaupt nicht. »So ein Mist aber auch. Ich will nicht elegant aussehen, sondern gefährlich.«

»Ich bin ja noch nicht fertig«, versprach Jaqueline. Sie stippte den Weidenkätzchenpinsel in die feuchte Erde. Wie gut, dass es in der Nacht geregnet hatte. Nun klebte Schlamm am Pinsel. Sorgfältig malte die Schwebfliege damit braune Streifen auf Schorschs Regenwurmkörper.

Herr Günter langweilte sich und machte in der Zwischenzeit ein Picknick.

»Fertig!«, verkündete Jaqueline stolz.

Monika erkannte Schorsch kaum wieder: In seinem Vogelschreckkostüm sah er richtig gefährlich aus.

»Ich hab ein bisschen Angst«, flüsterte sie.

»Quark mit Quatschsoße«, sagte Schorsch. »Ich bin's doch bloß.«

Erleichtert atmete die kleine Schnecke auf. »Du siehst aus wie eine sehr gefährliche Hornisse!«, staunte sie. »Gucken Sie doch mal, Herr Günter.«

»Mhm«, machte der Gänserich und hörte gar nicht richtig zu. Er war mit einem Salatblatt beschäftigt.

Schorsch beschloss, ihn ein bisschen zu ärgern. »Ssssss«, summte er. »Ich bin eine Hornisse. Gleich steche ich in diesen dicken Gänsebürzel!«

»Huch!« Erschrocken machte Herr Günter einen wilden Hopser. Dann erst entdeckte er, dass die angebliche Hornisse in Wirklichkeit ein ziemlich frecher Regenwurm war.

»Ich muss sagen«, gab Herr Günter zu, »deine Verkleidung sieht täuschend echt aus.«

Schorsch machte es großen Spaß, durch den Garten zu summen und Käfer zu erschrecken.

»Du solltest dir auch so ein schützendes Kostüm zulegen«, sagte Herr Günter zu Monika.

Aber sie konnte sich einfach nicht von ihrer Glockenblume trennen. »Das Blumenkostüm sieht viel schöner aus.«

Mit all ihren Armen streichelte Jaqueline die kleine Schnecke. »Ich weiß«, sagte sie tröstend. »Aber ein Vogelschreckkostüm ist wirklich sicherer.«

Genau in diesem Moment ließ sich eine hungrige Elster auf dem Zweig über ihnen nieder. Schorsch und

Jaqueline beachtete sie gar nicht. Stattdessen starrte sie gierig auf die Schnecke.

»Vogelalarm«, brüllte Schorsch.

»Schnell!«, rief Monika. »Ich brauche ein Vogelschreckkostüm!«

Herr Günter riss ihr den Glockenblumenhut vom Kopf, damit sie sich in ihr Häuschen verkriechen konnte.

Schorsch tunkte sein Regenwurmschwanzspitzenzipfelchen in die Matschpfütze und malte zwei sehr gefährliche Katzenaugen auf das Schneckenhaus.

Jaqueline sah zu und spornte Schorsch an: »Schnell! Du musst noch grimmige Augenbrauen malen, wie bei einer Eule!«, forderte sie.

»Und spitze Reißzähne!«, schlug Herr Günter vor. »Wie bei einem Fuchs!«

Zum Glück hockte Monika inzwischen gut versteckt in ihrem Schneckenhäuschen. Aber allein beim Zuhören gruselte sie sich. Als Schorsch fertig war,

sah die **Katzen-Eulen-Fuchs-Vogelscheuche** so furchterregend aus, dass die Elster oben im Baum vor Schreck beinahe vom Ast fiel. Sie stieß ein entsetztes Krächzen aus und flog davon.

»Ist der Vogel weg?«, fragte Monika aus ihrem Schneckenhäuschen heraus und lugte vorsichtig mit den Fühlern hervor.

»Jawoll«, sagte Schorsch. »Dem hast du's gegeben mit deinem Erschreckerkostüm.«

Jaqueline bestaunte das Kunstwerk auf Monikas Häuschen. »Das ist das beste Kostüm, das ich jemals gesehen habe«, fand sie.

Und auch Herr Günter musste zugeben: »Schorsch, da ist dir ein Meisterwerk gelungen.«

»Hach!«, sagte Schorsch und wurde noch ein bisschen rosafarbener im Gesicht. »Ich bin eben ein großer Künstler.«

Erleichtert kroch Monika aus ihrem Häuschen heraus. Sie drehte sich sehr langsam einmal um sich selbst und hoffte, einen Blick auf das Kunstwerk werfen zu können. Zu gern hätte sie gesehen, was Schorsch gemalt hatte. Aber leider schaffte sie es nicht. Und vielleicht war das auch besser so.

Jaqueline versicherte ihr: »Du siehst von hinten aus wie eine mutige Superschnecke!«

»Wirklich?« Monika freute sich und war sehr stolz. Plötzlich fühlte sie sich gar nicht mehr wie eine ängstliche Schnirkelschnecke.

»Wann geht denn eigentlich endlich das Kostümfest los?«, fragte Jaqueline, die es gar nicht erwarten konnte, ihre allererste Party zu feiern.

»Erst muss sich auch noch Herr Günter ein Erschreckerkostüm anziehen«, forderte Monika. »Er ist als Einziger noch nicht verkleidet.«

»Aber das habe ich doch nicht nötig«, behauptete der Gänserich. »Ich fürchte mich vor nichts.«

Schorsch grinste. »Außer vor Katzen.«

»Und vor Füchsen«, erinnerte ihn Monika.

Jetzt guckte Herr Günter auf einmal ein bisschen verlegen. »Ja, vielleicht habt ihr recht«, murmelte er. »Selbst ich habe vor einigen Tieren Angst.«

Zusammen überlegten die Freunde, wie sich der Gänserich am besten verkleiden konnte.

»Es muss ein sehr edles Tier sein«, forderte Herr Günter. »Und ein bisschen gefährlich soll es auch sein.«

»Wie wäre es mit einem Hirsch?«, fragte Monika.

Jaqueline steckte dem Gänserich zwei Stöckchen zwischen die Federn am Kopf. Nun sah er aus wie eine Gans mit Geweih. Das gefiel Herrn Günter leider gar nicht.

»Dann werden Sie eben eine Schildkröte«, schlug Schorsch vor.

Jaqueline legte eine Walnussschale auf Herrn Günters Rücken. Jetzt sah er aus wie eine Gans mit einem winzigen Schildkrötenpanzer. Aber das gefiel ihm ebenfalls nicht. Er wollte auch kein Hase mit langen Blätterohren sein und schon gar keine Fledermaus mit spitzen Zähnen aus Kieselsteinen.

»Ich weiß, als was ich mich verkleide«, verkündete er plötzlich. »Ich möchte ein Raubvogel werden!«

Die anderen nickten begeistert. Das war wirklich ein sehr edles und gefährliches Tier.

Alle halfen ihm bei seinem Kostüm: Schorsch malte zornige Augenbrauen. Jaqueline klebte mit Monikas Schneckenschleimleim ein spitzes Blatt auf den runden Gänseschnabel, der nun aussah wie ein Adlerschnabel. Zum Schluss übte Herr Günter noch einen besonders grimmigen Blick.

»Jetzt sind wir alle verkleidet«, rief Monika glücklich.

»Perfekt«, freute sich Jaqueline. »Wollen wir dann endlich mit der Kostümparty beginnen?«

»Ist doch klar wie Tümpelbrühe!«, rief Schorsch.

Und Herr Günter fügte hoffnungsvoll hinzu: »Gibt es auf der Party auch leckere Häppchen?«

Plötzlich drängte sich der dicke Kopf von Kater Stiefel durch den Gartenzaun. Er schleckte sich über das Maul und fragte: »Hab ich was von leckeren Häppchen gehört?«

»Quak!« Herr Günter gab einen erschrockenen Schnatterer von sich.

Aber Jaqueline flüsterte ihm zu: »Nicht vergessen! Sie sind jetzt ein Adler!«

Da breitete Herr Günter seine Flügel aus und ahmte den Schrei eines Adlers nach. Mit seinem spitzen Blätterschnabel zielte er auf den Eindringling.

Jaqueline tanzte wild vor der Nase des Katers herum. Schorsch ließ ein bedrohliches Summen ertönen und wackelte mit seinem braun-gelb gestreiften Regenwurmschwanzspitzenzipfelchen. Monika drehte sich um und zeigte ihr gruseliges Superschneckenkostüm.

»Mau!«, machte Kater Stiefel erschrocken. Schnell zog er seinen Kopf zurück hinter die Latten des Gartenzauns und verschwand, so schnell er konnte.

»Wir haben ihn alle zusammen verjagt!«, jubelte Monika.

Schorsch rief Jaqueline zu: »Gib mir vier!« Mit seinem Regenwurmschwanzspitzenzipfelchen klatschte er jede Hand der Schwebfliege ab.

Und sogar Herr Günter rief ausgelassen: »Das müssen wir feiern!«

»Jippieh!« Jaqueline schwebte aufgeregt vor den drei Freunden auf und ab. »Endlich geht's los!« Dann kratzte sie sich ein wenig ratlos am Kopf: »Was macht man eigentlich auf einer Kostümparty?«

»Man muss sehr viel essen«, behauptete Herr Günter.

Und die kleine Schnecke erklärte: »Man muss vor allem wie verrückt tanzen.«

»Das gefällt mir!«, rief Jaqueline. Sie umarmte Schorsch am Bauch, wirbelte ihn hoch in die Luft und wackelte dabei mit ihrem Fliegenpopo.

»Noch eine Runde!«, jubelte der Regenwurm.

In der Zwischenzeit nahm Herr Günter die kleine

Schnecke auf seinen Flügel und schwenkte sie wild herum.

»Huch!«, rief Monika. Aber das Superschneckenkostüm verlieh ihr Mut, und deswegen wurde ihr kein bisschen schwindelig.

Danach schlürften sie alle zusammen süße Tautröpfchenbowle aus Löwenzahnblüten.

»Und jetzt wählen wir das allerbeste Erschreckerkostüm!«, bestimmte Schorsch.

»Der Sieger gewinnt ein Gänseblümchen«, verkündete Monika.

Herr Günter bekam sofort Appetit.

»Oh«, sagte Jaqueline aufgeregt. »Ich habe noch nie bei einem Kostümfest gewonnen.«

Und deswegen stimmten alle für das Wespenkostüm. Sogar Herr Günter. Glücklich klemmte Jaqueline sich das Siegerblümchen hinter den Fühler.

»Hoffentlich bist du nicht traurig«, sagte sie zu Monika. »Dein Kostüm ist auch sehr schön gruselig.«

»Ich weiß«, erklärte Monika stolz. »Morgen erschrecke ich damit einen Tausendfüßler!«

Sofort wollte Schorsch sie übertrumpfen: »Und ich erschrecke mit meinem Kostüm einen Wolf!«

»Das ist doch noch gar nichts«, gab Herr Günter an. »Auf meiner nächsten weiten Reise ins ferne Afrika werde ich einen Löwen erschrecken!«

Während sie überlegten, welche gefährlichen Tiere sie mit ihren neuen Kostümen noch vertreiben konnten, begann es zu regnen. Zuerst fielen nur kleine Tröpfchen vom Himmel, dann wurden es immer mehr.

»Oh, wie schade!«, rief die Schwebfliege. »Bei Regen muss ich schnell nach Hause! Sonst schimpft meine Mama.«

Regen ist für viele kleine Insekten gefährlich. Sie könnten von Tropfen erschlagen werden oder in Pfützen ertrinken. Nasse Insekten können auch schlechter fliegen.

»Auf Wiedersehen, Jaqueline!«, rief Monika und war ein wenig traurig.

Plötzlich merkte sie, dass die Warnstreifen auf Schorschs Bauch verliefen. Zum Vorschein kam wieder die rosa Regenwurmhaut. Dann entdeckte sie, dass sich unter ihr eine dunkle Pfütze bildete: Auch das Katzeneulenfuchsgesicht wurde von ihrem Schneckenhäuschen abgewaschen. Selbst der spitze Blätterschnabel von Herrn Günter weichte auf und fiel herunter. Nun waren sie nicht mehr Hornisse, Katzeneulenfuchs und Adler, sondern wieder Schorsch, Monika und Herr Günter.

»Schade!« Monika seufzte. »Ich bin keine Superschnecke mehr.«

»Ja«, sagte Herr Günter wehmütig. »Wir müssen wieder aufpassen.«

»So ein Mist aber auch«, ärgerte sich Schorsch. »Jetzt ist alles vorbei.«

»Nicht ganz!«, sagte Monika. »Nun wissen wir doch, wie wir uns mit einem Kostüm verteidigen können!«

Und das stimmte. Denn wer schlau ist, kann sich selbst helfen, auch wenn er noch so schwach und klein ist.

Herr Günter breitete seine Flügel aus und beschützte seine Freunde vor dem Regen.

So hockten sie zusammen da und guckten zu, wie das Wasser um sie herum plätscherte.

»Wollen wir uns morgen wieder verkleiden?«, bettelte Schorsch.

Und dann überlegten alle drei, welches Tier sie am nächsten Tag sein wollten.

2.

Reingelegt!

Es war früh am Morgen. Zwischen den Grashalmen auf der Wiese hingen Tautropfen. Unter der Brombeerhecke schlief Monika in ihrem Häuschen. Direkt vor ihr im Boden befand sich ein rundes, kleines Loch. Aus diesem Loch schob sich gerade eine grüne Kappe heraus. Und unter der Kappe versteckte sich der Regenwurm Schorsch.

»Bist du schon wach?«, fragte er und rüttelte am Schneckenhäuschen.

Im Inneren rührte sich etwas, und Monika kroch heraus, sie sah ganz verschlafen und ein bisschen zerknittert aus.

In diesem Moment landete der kluge Herr Günter im Garten. Während sein Bauch über die Landebahn schrammte, riss er eine Löwenzahnblüte mit dem Schnabel ab und verschlang sie. Er war nämlich sehr hungrig.

»Was wollen wir denn heute unternehmen?«, fragte Schorsch, der am liebsten wilde Sachen spielte, bei denen er herumtoben konnte. Erwartungsvoll knuffte er Monika in die Seite. Ihr Hut verrutschte, und sie musste ihn wieder gerade rücken.

»Der hat mich geschubst!«, beklagte sie sich bei Herrn Günter.

»Bloß ein bisschen«, verteidigte sich Schorsch und wunderte sich. Sonst war Monika nicht so empfindlich.

»Ihr müsst heute ganz lieb zu mir sein«, erklärte sie. »Ich habe nämlich schlecht geträumt.«

»Wovon denn?«, erkundigte sich Herr Günter neugierig.

»Also, ich habe von meinem Opa geträumt«, verriet Schorsch.

Herr Günter berichtete: »Und ich von köstlichem Salat.«

Monika seufzte. »Ihr Glückspilze. Ich habe leider nur von kitzelnden Stechmücken geträumt.«

Herr Günter winkte mit dem Flügel ab. »Ich glaube, es sind noch gar keine Stechmücken im Garten.«

Das brachte Schorsch auf eine lustige Idee. Er pflückte einen Grashalm, pirschte sich von hinten an Monika heran und kitzelte sie damit. Erschrocken zog die kleine Schnecke ihren rechten Fühler ein.

»Ssssst«, summte Schorsch und kitzelte sie auch am anderen Fühler. Voller Angst zog sie diesen ebenfalls ein.

»Hier ist doch schon eine Mücke!«, rief sie und begann zu schluchzen. »Ich glaube, sie hat mich gestochen!«

Herr Günter hörte auf zu schmatzen und lauschte erstaunt in den Morgen. Nun merkte er es auch. Da schwirrte etwas herum und kitzelte ihn. Er hielt Ausschau nach dem frechen Insekt. Dabei ertappte er Schorsch, der mit spitzem Mund summte und den Grashalm schwenkte.

»Keine Sorge, Monika«, beruhigte Herr Günter die kleine Schnecke. »Schorsch hat uns nur geneckt.«

Zuerst war Monika erleichtert. Mit den Fühlern wischte sie sich die Tränen aus den Augen und schniefte. Aber dann fand sie den Streich ziemlich gemein. Schorsch hatte ihr Angst gemacht.

»Herr Günter!«, beklagte sie sich. »Schorsch ärgert mich immer!«

Der Gänserich kämpfte gerade mit einem großen Salatblatt in seinem Schnabel und nuschelte vorwurfsvoll: »Mpfschorsch!«

Schorsch ärgerte sich. Er hatte doch nur Spaß machen wollen. »Monika, du bist eine Petze!«, meckerte er.

»Herr Günter!«, beschwerte sich Monika schon wieder. »Schorsch hat gesagt, ich bin eine Petze!«

Dabei machte sie ein wehleidiges Gesicht und verzog weinerlich den Mund. Sofort bekam Herr Günter Mitleid mit ihr. »Sei nicht traurig«, tröstete er sie und warf dem Regenwurm einen strengen Blick zu.

»Aber ich hab doch bloß …«, begann Schorsch und wollte seinen Scherz erklären.

Doch Herr Günter unterbrach ihn: »Das interessiert mich nicht.«

»Mich auch nicht«, sagte Monika.

Die beiden beachteten den kleinen Regenwurm gar nicht mehr. Schorsch war beleidigt. Er fühlte sich ungerecht behandelt. Und dann pikte ihn auch noch etwas, denn er war an eine große Klettenpflanze gestoßen. Die stacheligen Kugeln, die daran wuchsen, brachten ihn auf eine neue Idee. Damit würde er es dem strengen Gänserich heimzahlen!

Vorsichtig pflückte Schorsch eine Klette und zielte auf den breiten Gänsepo. Treffer! Die Stachelkugel blieb im dichten Federkleid hängen, und Herr Günter merkte es nicht einmal. Schorsch wurde mutiger und warf eine zweite Klette, dann noch eine.

Der Gänserich wischte sich den Schnabel sauber und seufzte: »Was für ein köstliches Essen!« Zufrieden setzte er sich ins Beet. Im selben Moment schoss er auch schon jaulend wieder hoch. »Au!«

Die stacheligen Kletten hatten ihn ordentlich gepikt.

Der freche Regenwurm kicherte schadenfroh. »Das geschieht Ihnen recht!«

»Du hast wirklich nur Unsinn im Kopf!«, klagte Herr Günter kopfschüttelnd.

Vorsichtig zupfte der Gänserich die Kletten mit seinem Schnabel ab. »Au!«, jammerte er, denn er riss sich dabei ein paar Federn aus.

Kletten sind mit Disteln verwandt. Ihre Samenkapseln haben rundherum winzige Widerhaken und funktionieren wie ein Klettverschluss. Dadurch können sie im Fell von Tieren hängen bleiben, die sie dann weiterverbreiten.

Vorwurfsvoll sagte Monika: »Das war ein sehr schlechter Streich.«

»Stimmt gar nicht«, widersprach Schorsch. »Das war ein sehr guter Streich.«

Herr Günter klagte: »Mir tut mein Bürzel weh!«

»Ihr versteht bloß alle beide keinen Spaß!«, brummte Schorsch beleidigt.

Aber auch seine beiden Freunde waren gekränkt. Sie taten, als wäre der freche Regenwurm Luft für sie.

»Pah«, machte Herr Günter und kehrte ihm den Bürzel zu.

»Pah!«, sagte auch Monika und drehte sich ebenfalls um.

Schorsch überlegte, wie er die beiden wieder zum Lachen bringen konnte. Doch noch bevor ihm etwas einfiel, klatschte ein Ei auf Herrn Günters Kopf und ging dabei kaputt. Erschrocken fuhr der Gänserich herum. Gelbe Eierpampe lief ihm übers Gesicht. Das sah sehr komisch aus, und der Regenwurm prustete los.

»Schorsch!«, schimpfte Monika. »Was hast du jetzt wieder angestellt?«

»Das war ich nicht!«, versicherte Schorsch.

Aber Herr Günter rief empört: »Wer soll es denn sonst gewesen sein?«

Eifrig versuchte Monika, das Eigelb wegzuwischen, das von Herrn Günters Schnabel auf seine Flossen tropfte. Im nächsten Moment wurde sie ebenfalls von einem Geschoss getroffen. Ein gesprenkeltes Ei krachte auf ihr Schneckenhaus und zerplatzte dort.

Monika kniff ihre Augen zu schmalen Schlitzen zusammen. »Nun reicht es«, sagte sie zu Schorsch. »Jetzt bin ich nicht mehr deine Freundin!«

Plötzlich kriegte der kleine Regenwurm Angst. Es gab nämlich nichts auf der Welt, was er so lieb hatte wie seine Freundin Monika.

Vor Schreck wurde er ganz blass. »Aber ich war das wirklich nicht!«, beteuerte er.

»Das glauben wir dir nicht!«, stellte Herr Günter fest.

Er tauchte seinen Schnabel in die Regentonne und ließ Wasser über sein elegantes, grauweißes Gefieder perlen. Dann half er Monika beim Putzen ihres Schneckenhäuschens. Zum Glück hatte es keinen Knacks bekommen.

Schorsch ringelte sich im Gemüsebeet und war ziemlich unglücklich dabei. »Das ist ungerecht!«, rief er und hob sein Regenwurmschwanzspitzenzipfelchen zum Schwur in die Höhe. »Ich war das nicht!«

Gerade wollte Herr Günter zurückrufen, dass sie ihm nicht mehr vertrauten, da traf auch Schorsch eine Eierbombe.

»Glaubt ihr mir nun?«, fragte er und legte den Kopf schief. Der Eidotter rutschte langsam an ihm herunter und klatschte auf den Boden.

Da merkte Monika endlich, dass sie Schorsch zu Unrecht beschuldigt hatte. Und auch Herr Günter musste zugeben, dass er sich geirrt hatte. Mit Wasser und einem Moosschwamm schrubbten sie den mit Eierpampe bekleckerten Regenwurm sauber. Dabei rätselten sie herum, wer der freche Eierwerfer sein konnte.

»Vielleicht sitzt ein Huhn auf dem Haselnussbusch?«, überlegte Monika.

Nachdenklich betrachtete Herr Günter die herumliegenden Schalen. Er wusste natürlich, dass Hühner keine gesprenkelten Eier legten.

»Diese Eier«, erklärte er, »gehören einem Rotkehlchen.«

Welcher Vogel hat dieses Ei gelegt?

»Komisch«, wunderte sich Monika. »Warum schmeißt das Rotkehlchen denn mit Eiern?«

Alle drei legten ihren Kopf zurück und starrten hinauf.

Zwischen den Zweigen des Haselnussstrauchs entdeckten sie ein Vogelnest. Es war ganz rund und aus Gräsern geflochten. Die Ritzen hatte jemand sorgfältig mit Moos ausgestopft.

»Ist doch klar wie Tümpelbrühe«, behauptete Schorsch. »In dem Nest sitzt ein Spaßvogel!«

»Wohl eher ein Rüpel«, stellte Monika fest.

Herr Günter machte ein nachdenkliches Gesicht. »Hallo!«, rief er hinauf in die Zweige. »Ist da jemand?« Als keine Antwort kam, beschloss er, die Sache zu überprüfen.

»Ich komme mit!«, rief Schorsch abenteuerlustig und knotete sich flink an das dürre Gänsebein. Wenn da oben ein Spaßvogel saß, wollte er den unbedingt kennenlernen. Dem konnte er sicher einen kleinen Streich spielen, ohne dass er gleich beleidigt war.

»Ich warte lieber unten«, erklärte Monika. Mit einem Eierwerfer wollte sie nichts zu tun haben.

Watschelnd nahm Herr Günter Anlauf und flatterte in die Höhe.

»Hui!«, rief Schorsch, denn das kribbelte im Bauch.

Sie landeten auf dem Schuppendach neben dem Haselnussstrauch.

»Was seht ihr da oben?«, wollte Monika wissen.

Schorsch rief ihr aufgeregt zu: »Im Nest hockt ein Vogelbaby!«

Monika liebte Vogelbabys! Sie waren klein, süß und piepsten niedlich. Dieses Vogelbaby wollte sie unbedingt sehen und es natürlich streicheln. Sie begann, an der Schuppenwand hinaufzukriechen.

Nicht jedes einsame Vogelkind ist wirklich verlassen. Amselküken leben eine Woche außerhalb des Nests, bevor sie richtig flügge sind. Sie werden dabei noch immer von ihren Eltern versorgt und begleitet.

Herr Günter berichtete von oben: »Das Baby ist ein junger Kuckuck!«

Und Schorsch ergänzte: »Es heißt Lümmel und ist ganz allein hier!«

Monika konnte es gar nicht erwarten, das Baby zu sehen. Wie gern wollte sie sich darum kümmern. »Darf ich dich füttern, kleiner Lümmel?«, rief sie hinauf.

Eine krächzende Stimme antwortete aus dem Haselnussbusch: »Ja! Aber beeil dich, du lahme Ente! Mach mal ein bisschen schneller!«

»Ich bin eine Schnecke, keine Ente«, stellte Monika klar. »Und bei mir geht gar nichts schnell.« Ihr Saugfuß machte wilde Wellen, und sie rutschte auf ihrer Schneckenschleimspur voran.

Irgendwann erreichte Monika schnaufend das Dach des Schuppens. Von hier aus hatte sie einen guten Blick in das Nest. Aber was war das? So hatte sie sich das Baby nicht vorgestellt. Es war weder klein noch süß. Es passte kaum ins Nest, seine Federn waren ganz zerzaust, und es hatte auch keine niedliche Stimme.

Gerade schimpfte das Kuckuckskind wie ein Rohrspatz: »Wäh! Ich hab Hunger! Füttert mich gefälligst endlich!«

Schorsch hätte gern gemeinsam mit Lümmel einen lustigen Streich ausgeheckt. Aber Monika drängelte sich vor.

»Ach, du armes Baby!«, sagte sie und streichelte den Schreihals mit ihren Fühlern.

Der kleine Lümmel brüllte inzwischen so laut, dass die Spatzen aus dem Apfelbaum am anderen Ende des Gartens flüchteten.

»So ein Krach«, meckerte Schorsch. »Da muss ich mir gleich die Ohren zuhalten.«

»Ein Regenwurm hat keine Ohren«, erinnerte ihn Herr Günter.

Monika versuchte, das Kuckuckskind zu trösten. »Wo ist denn deine Mama?«, fragte sie.

»Weg!«, heulte Lümmel, und Monikas Herz floss vor Mitleid über.

»Bestimmt hat die das Gebrüll nicht mehr ausgehalten«, vermutete Schorsch.

Aber der kluge Herr Günter wusste, dass Lümmels Mutter ihn schon verlassen hatte, als er noch in seinem Ei geschlummert und keinen Pieps von sich gegeben hatte. »Die Kuckucksmutter hat Lümmels Ei ins Rotkehlchennest gelegt und ist davongeflogen«, erklärte er seinen Freunden.

Kuckucksweibchen stehlen ein Ei aus dem fremden Nest und legen dafür ein eigenes hinein. Das Kuckucksei ähnelt den Eiern der Wirtsleute. So fällt es den Pflegeeltern meist nicht auf, dass sie ein fremdes Ei im Nest haben.

Lümmel hörte auf zu jammern und grinste frech. »Super, oder? Meine Mama hat die Rotkehlchen schön reingelegt. Jetzt haben die nämlich die ganze Arbeit mit mir.«

> Der Kuckuck ist ein Zugvogel, denn er findet bei uns im Winter keine Insekten. Er fliegt bis zu 12.000 Kilometer weit und überwintert in Südafrika.

Das gefiel Schorsch. Er drückte sich auch gern vor anstrengenden Arbeiten. »Und wo ist deine Mama jetzt?«, wollte er wissen.

»Frau Kuckuck dürfte bereits wieder in Südafrika sein«, erklärte Herr Günter.

»Oh!« Schorsch war beeindruckt. Südafrika klang nach Palmen, Strand und Meer! Dort konnte man bestimmt die herrlichsten Streiche spielen.

»Aber dann bist du ja ganz allein auf der Welt«, sagte Monika zu dem kleinen Kuckuck. »Wie traurig.« Vor lauter Mitgefühl kullerte ihr eine Träne über die Wange.

»Genau!«, quäkte das Kuckuckskind. »Deshalb müsst ihr euch jetzt auch um mich kümmern!« Wieder begann er zu jammern und zu schreien.

Herr Günter erklärte, dass die Rotkehlchen bestimmt fürsorgliche Pflegeeltern waren und gleich zurückkommen würden.

Trotzdem stand Monikas Entschluss fest: »Wir müssen helfen!« Hier war ein Baby in Not. Und egal, wie groß, hässlich und frech dieses Baby war, es brauchte ihre Hilfe.

»Wir werden Lümmel trösten«, erklärte Monika. »Bestimmt hilft ein Nuckel!«

In der Dachrinne entdeckte sie eine Haselnuss. Die klebte sie mit Schnirkelschneckenschleimleim auf ein Haselnussblatt. Diesen Nuckel stopfte Herr Günter dem plärrenden Kuckuckskind wie einen Stöpsel in den Schnabel. Für einen kurzen Moment war Lümmel still und lutschte daran herum.

Erleichtert atmeten die drei Freunde auf.

»Seht doch!«, flüsterte Monika glücklich. »Wie niedlich unser Baby aussieht.«

Und schon war es mit der Ruhe wieder vorbei. Lümmel spuckte den Nuckel in hohem Bogen aus

und traf Herrn Günter. »Au!«, sagte der Gänserich und rieb sich den Kopf.

Lümmel kicherte. Schorsch prustete vor Lachen. Dieser Kuckuck war wirklich lustig!

»Ich will keinen doofen Nuckel«, schimpfte das Vogelbaby nun. »Ich brauch was Richtiges!«

»Aber Lümmel!«, tadelte Monika ihn und seufzte. Es war wirklich sehr anstrengend, sich um ein Baby zu kümmern.

So sieht ein Kuckuck aus

»Hunger!«, brüllte das Kuckuckskind und riss seinen Schnabel ganz weit auf.

Mit diesem Thema kannte sich Herr Günter sehr gut aus. Er wusste, wie Hunger im Bauch kneifen konnte. »Wir müssen diesem Schreihals etwas zu essen besorgen!«, entschied er. Dann flatterte er hinunter in den Garten und kam gleich darauf mit einem Schnabel voller Blätter zurück, die er Lümmel anbot.

»Bäks!«, schimpfte der kleine Kuckuck und schüttelte sich. »Das mag ich nicht!«

Herr Günter zuckte ratlos mit den Flügeln. Ihm schmeckten grüne Blätter besonders gut.

Monika bot Lümmel ein wenig Moos an, das an der Schuppenwand wuchs. Sie aß sehr gern Moos.

Aber das Kuckuckskind wollte auch kein Moos.

Schorsch suchte ein paar verwelkte Blätter aus der Dachrinne. »Igitt!«, schimpfte Lümmel.

Der Regenwurm wunderte sich. Er liebte welke Blätter. In seinem Bauch wurde daraus

feinste Humuserde. »Aber was willst du denn dann, Lümmel?«, fragte er.

»Fleischhappen!«, krähte der kleine Kuckuck.

Herr Günter schlug sich mit dem Flügel an die Stirn. Er hatte ganz vergessen, dass ein junger Kuckuck Appetit auf Insekten hatte.

»Ihr müsst fette Fliegen für mich fangen!«, forderte Lümmel.

Eigentlich hatten die drei Freunde keine Lust, fette Fliegen zu fangen.

Aber Lümmel brüllte: »Schnell, schnell, sonst verhungere ich!«

Also zupfte Schorsch ein altes Spinnenseil von der Schuppenwand. Mit diesem Lasso versuchte er, eine vorbeischwebende Fruchtfliege einzufangen. Leider erwischte er nur sein eigenes Regenwurmschwanzspitzenzipfelchen. Die Fruchtfliege trippelte ein Stück zur Seite.

Monika kroch ihr hinterher. Als sie die Fruchtfliege fast erreicht hatte, flog die einfach in die Luft.

Nun wollte Herr Günter sie mit dem Schnabel fangen. Aber er schnappte daneben und plumpste unsanft auf sein Hinterteil.

Lümmel musste lachen. »Noch mal! Noch mal!«,

krähte er. Dabei hüpfte er begeistert auf und ab und wedelte mit seinen kahlen Stummelflügeln.

Doch Herr Günter hatte keine Lust dazu. Sein Bürzel tat weh. Erst hatten ihn dort die spitzen Kletten gepikt, nun wuchs vom Sturz eine Beule.

»Spaßbremse«, quengelte Lümmel. »Mir ist langweilig!«

Schorsch fand, dass jetzt genau der richtige Moment für einen gemeinsamen lustigen Streich gekommen war.

Aber wieder drängte sich Monika vor. »Das liegt sicher daran, dass der kleine Kuckuck ganz allein im Nest ist und keine Geschwister hat.«

»Ja!«, plärrte Lümmel und forderte: »Deswegen müsst ihr mit mir spielen!«

»Genau!«, rief Schorsch und wollte sich endlich mit dem frechen Kuckuck einen Streich ausdenken.

Doch Herr Günter unterbrach ihn: »Lümmel ist doch selbst schuld daran, dass er ein Einzelkind ist.«

Sofort hörte Lümmel auf zu heulen. »Erwischt«,

Kuckuckskinder schlüpfen früher aus dem Ei als die Jungen der Wirtsvögel. Sie werfen auch als Erstes die anderen Eier oder Jungen aus dem Nest, um den Platz für sich alleine zu haben und um alles Futter der Wirtseltern zu bekommen.

musste er zugeben und grinste. »Ich hab die anderen Vogeleier einfach aus dem Nest geschubst.«

»Aha!«, sagte Schorsch. »Du warst also der Eierwerfer!«

Dieser kleine Kuckuck traute sich was!

»Klar!« Lümmel streckte sich. »Ich brauch doch Platz. Außerdem war es lustig.«

Schorsch musste kichern. »Stimmt«, sagte er. »Wie die Eierpampe über Herrn Günters Kopf gelaufen ist, das war sogar sehr lustig.«

Der Gänserich kniff beleidigt den Schnabel zusammen. »Das finde ich überhaupt nicht.«

Und Monika sagte mitfühlend: »Die armen Eier.«

Schorsch verzog den Mund. »Ihr versteht gar keinen Spaß!«, meckerte er.

Und Lümmel krähte: »Miesmacher, Muffelkopp!«

Verärgert drehte ihm Herr Günter den Bürzel zu. »Komm, Monika«, sagte er und hielt der kleinen Schnecke seine Gänseflosse hin. »Das lassen wir uns nicht bieten.«

Zusammen mit ihr flatterte er hinab auf die Wiese.

Schorsch sah ihnen nach.

»Wollen wir die zwei Langweiler mit einem Streich wieder zum Lachen bringen?«, fragte er.

Lümmel war begeistert und hatte gleich eine Idee. »Wir geben den beiden ein Streichgeschenk!«

Davon hatte der Regenwurm noch nie etwas gehört. »Was ist denn ein Streichgeschenk?«

»Wir packen ein leeres Päckchen, in dem nichts drin ist«, erklärte Lümmel.

Das klang lustig! Schorsch rollte ein Blatt zusammen. Das Kuckuckskind band es mit einem Grashalm aus seinem Nest zu einem hübschen Paket zusammen.

»He!«, rief Schorsch nach unten und zeigte mit seinem Regenwurmschwanzspitzenzipfelchen auf das Päckchen. »Kommt wieder hoch! Wir haben eine Überraschung für euch!«

Vor Freude wurde die kleine Schnecke ganz rot. »Ist das ein Geschenk? Für uns?« Monika liebte nämlich Geschenke!

Und auch Herr Günter freute sich sehr. Er glaubte, Schorsch wollte den gemeinen Klettenstreich wiedergutmachen.

Eilig kehrte er mit der kleinen Schnecke auf der Flosse zurück auf das Schuppendach. Neugierig betrachteten die beiden das Päckchen von allen Seiten. Was wohl darin war?

»Vielleicht ein glitzerndes Steinchen?«, überlegte Monika.

»Oder ein köstliches Salatblatt?«, hoffte Herr Günter. Erwartungsvoll zog er mit seinem Schnabel die Schleife auf, und Monika entrollte das Blatt.

»Aber da ist ja gar nichts drin«, sagte sie enttäuscht.

»Haha!« Schorsch lachte und rief: »Reingelegt!«

Herr Günter stupste das Blatt an und stellte enttäuscht fest: »Nicht einmal die Verpackung kann man essen.«

Für das Spaßgeschenk hatten die beiden Spaßvögel leider ein giftiges Efeublatt benutzt.

Schorsch war sicher gewesen, dass seine Freunde jetzt endlich auch lachen würden. Aber sie schmunzelten nicht einmal. Schorsch knuffte Monika in die Seite, um sie aufzumuntern.

Auch andere Tiere drücken sich um die Aufzucht ihrer Jungen

Kuckucksbienen legen ihre Eier unbemerkt in das Nest einer Mauerbiene.

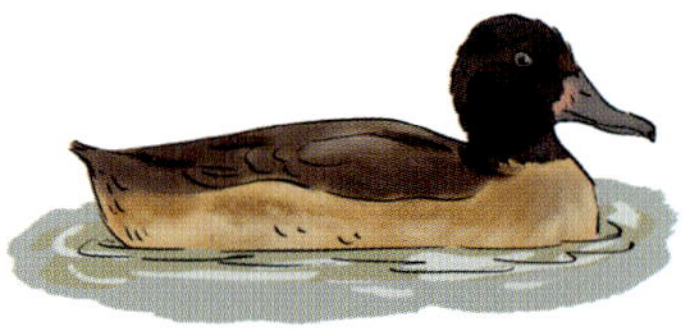

Kuckucksenten legen ihre Eier in die Nester von Blesshühnern; dort wachsen die Kuckucksenten friedlich mit ihren Stiefgeschwistern auf.

Ostafrikanische Kuckucks-Fiederbartwelse lassen ihren Nachwuchs im Maul von Buntbarschen ausbrüten.

Nun ärgerte sich die kleine Schnecke noch mehr über ihn. Aber statt ihm das zu sagen, drehte sie sich zu Herrn Günter um. »Schorsch hat mich schon wieder geschubst!«, beklagte sie sich.

»Du bist heute wirklich nicht nett«, tadelte der Gänserich den Regenwurm.

Schorsch ließ den Kopf hängen. Wieder war sein Streich schiefgegangen. Und dann behauptete Lümmel auch noch: »Ich hab damit nichts zu tun. Das hat sich alles Schorsch ausgedacht.«

»Was?«, regte Schorsch sich auf. »Das ist ungerecht!«

Aber bevor er die Sache erklären konnte, ertönte über ihnen das laute Zwitschern der Rotkehlchen. Lümmels Pflegeeltern waren zurück.

»Na endlich!«, rief der kleine Kuckuck und sperrte sofort seinen Schnabel so weit auf, wie er konnte.

Seine Ziehmama war viel kleiner als er und musste sich ordentlich abmühen, um eine Made in Lümmels Schnabel zu stopfen.

Kaum hatte Lümmel etwas im Bauch, begann er, sich über die drei Freunde zu beschweren.

»Die haben mir nichts zu essen gegeben!«, erklärte er.

»Und Monika hat mit mir gemeckert! Bloß weil ich keinen Nuckel wollte.«

Aufgeregt zwitschernd flogen die Rotkehlchen herum und versuchten, ihr Kuckuckskind zu beruhigen. »Ärgere dich nicht, armer kleiner Schatz!«

Beschämt senkte Monika den Kopf.

Schorsch streichelte mit seinem Regenwurmschwanzspitzenzipfelchen über ihr Häuschen. »Siehste?«, sagte er. »Petzen ist doof.«

Monika nickte. Sie beschloss, sich nicht mehr bei Herrn Günter zu beschweren, sondern ihrem besten Freund selbst zu sagen, was ihr nicht gefiel. Und sie fing gleich damit an: »Ich mag es nicht, wenn du mich in die Seite knuffst«, erklärte sie.

»Na gut«, brummelte Schorsch. »Das mach ich nicht wieder.«

»Und diese albernen Streiche solltest du in Zukunft auch sein lassen«, forderte Herr Günter.

»Nö«, brummte Schorsch bockig. »Ihr versteht bloß keinen Spaß. Streiche sind lustig.«

»Klar!«, sagte Lümmel. »Streiche sind superlustig!« Er hatte nämlich schon eine Idee. »Du hast was von meinem Futter verloren!«, rief er seiner Rotkehlchenmama zu. »Da drüben auf dem Dach liegt noch eine dicke Made.«

Das Rotkehlchen guckte sich um und entdeckte den kleinen Regenwurm. Verwundert zwitscherte sie: »Du hast recht, mein Schatz. Sogar eine ziemlich fette Made.«

»He«, meckerte Schorsch erschrocken und versuchte, sich zu verstecken. »Ich bin keine fette Made.«

Das Rotkehlchen flatterte zu ihm hin und betrachtete ihn aus der Nähe.

»Reingelegt!«, rief Lümmel und lachte krächzend.

Aber das Rotkehlchen packte Schorsch trotzdem am

Regenwurmschwanzspitzenzipfelchen. Der hielt sich an Herrn Günter fest und wurde in die Länge gezogen.

»Aua!«, brüllte er, und Monika schrie: »Hilfe!«

Wenn sich der stattliche Herr Günter nicht dazwischengeworfen hätte, wäre der arme Regenwurm vielleicht im Schnabel des frechen Kuckuckskindes gelandet. Und wer weiß, was dann passiert wäre?

»Ich hab genug von doofen Streichen! Ich will wieder zurück in den Garten!«, zeterte Schorsch ängstlich und schlang sich um das Gänsebein. Hastig kroch auch Monika auf die Gänseflosse und hielt sich dort mit ihrem Saugfuß fest.

»He!«, krakeelte Lümmel. »Bleib doch hier! Ich hätte dich nicht gefressen. War doch alles nur Spaß.«

Aber da saß Schorsch schon längst wieder unten auf der Wiese. Seine zehn kleinen Herzchen klopften vor Aufregung ganz wild. Monika pustete auf sein Regenwurmschwanzspitzenzipfelchen, auf die Stelle, in die das Rotkehlchen hineingekniffen hatte. Und Herr Günter legte ein Spitzwegerichblatt darauf. Das half gegen wunde Haut.

Spitzwegerich ist ein gutes Heilkraut gegen Husten, Insektenstiche und kleine Wunden.

Oben im Baum hörten sie noch immer den kleinen Kuckuck schreien. »Mir ist langweilig! Komm zurück, Schorsch! Ich weiß einen ganz lustigen Streich!«

Aber diesmal fiel Schorsch nicht darauf herein. »Nö!«, rief er hinauf. »Ich mache nicht mehr mit!«

Der Gänserich rückte seine Brille gerade und sagte: »Mit bösen Streichen macht man sich wirklich keine Freunde.« Dann watschelte er zu Monika hinüber und flüsterte ihr etwas zu.

Schorsch ließ den Kopf hängen. Hatte er seine beiden Freunde etwa so sehr verärgert, dass sie nun schlecht über ihn redeten? Er war so geknickt, dass er gar nicht merkte, wie Monika Herrn Günter zuzwinkerte. Und er sah auch nicht, dass der Gänserich daraufhin eine Knallerbse pflückte. Heimlich schob er sie direkt hinter Schorsch.

»Ihr habt recht«, sagte der Regenwurm kleinlaut. »Es ist besser, wir spielen uns keine Streiche mehr.«

In diesem Moment trat Herr Günter auf die Knallerbse. Die zerplatzte mit einem lauten Knall.

»He!«, rief Schorsch erschrocken. »Habt ihr mir etwa einen Streich gespielt?«

»Ja!«, bestätigte Herr Günter prustend.

»Na klar!«, sagte Monika und kicherte.

Zuerst guckte Schorsch ganz verdutzt. Aber dann musste er auch lachen, und zwar so doll, dass ihm die Kappe vom Kopf rutschte.

Monikas Fühler kringelten sich, so sehr kicherte sie. Und Herr Günter verschluckte sich vor Lachen beinahe an seinem Salatblatt.

»Das war ein richtig guter Streich!«, rief Schorsch und gluckste vor Freude.

Und da hatte er recht. Denn bei einem richtig guten Streich wird niemand verletzt. Und das Beste daran ist, dass alle darüber lachen können.

3.

So ein Schreck!

Ich sehe was, was ihr nicht seht, und das ist rosa!«, rief Schorsch.

Suchend guckte sich Monika im Garten um. Am Wiesenrand blühte leuchtend gelber Löwenzahn. Auf dem Kiesweg glitzerte ein blauer Stein. Im Gemüsebeet stand der graue Gänserich. Er zupfte mit seinem orangefarbenen Schnabel ein grünes Blatt nach dem anderen ab. Der Garten war herrlich bunt! Aber leider konnte Monika nirgendwo etwas Rosafarbenes entdecken.

Schorsch grinste. Er war ganz sicher, dass er dieses Spiel gewinnen würde.

»Herr Günter?«, fragte Monika. »Sehen Sie etwas im Garten, das rosafarben ist?«

»Natürlich«, behauptete der Gänserich mit vollem Schnabel und musste gar nicht suchen. »Regenwurm Schorsch ist rosa!«

»Ach, stimmt!«, rief Monika und tippte sich mit dem linken Fühler an die Stirn. Warum war sie nicht selbst darauf gekommen? »Sie haben schon wieder gewonnen, Herr Günter!«

»So ein Mist aber auch!«, meckerte Schorsch. Er

konnte einfach nicht verlieren. »Darf ich trotzdem noch mal dran sein?«, bettelte er.

Weil Herr Günter mit seinem Salat beschäftigt war, sagte er großzügig: »Meinetwegen.«

Schorsch drehte seinen Kopf in alle Richtungen. Diesmal wollte er unbedingt gewinnen. Sein Blick blieb an Monikas Hut hängen.

»Ich sehe was, was ihr nicht seht, und das ist rot!«, rief er schnell.

»Ist es vielleicht eine Vogelbeere?«, wollte Monika wissen.

Schorsch kicherte. »Nein!«

»Der Apfel da am Baum?«, fragte Herr Günter und zeigte mit seinem Flügel nach oben in die Zweige.

Schorschs Laune wurde immer besser. »Nein!«, rief er siegessicher.

Plötzlich fragte Monika: »Ist es vielleicht mein Hut?«

Sie hatte es erraten! Trotzdem winkte Schorsch ab und behauptete: »Nein, das ist es auch nicht.«

Ahnungslos rätselten Monika und Herr Günter weiter. Natürlich war alles falsch, was sie vorschlugen.

»Der Marienkäfer?«

»Die Feuerwanze?«

»Das Blatt?«

»Falsch! Falsch! Falsch!«, rief Schorsch immer wieder. »Ihr findet es niemals raus, und ich werde gewinnen!«

Ratlos sagte Monika: »Aber mehr rote Dinge gibt es nicht im Garten.«

»Du solltest uns endlich verraten, was es ist«, forderte Herr Günter.

Aber das konnte Schorsch natürlich nicht, weil er mogelte. »Ihr müsst weiterraten«, sagte er deshalb.

Herr Günter watschelte im Garten umher, legte einen Flügel über die Augen und versuchte, in der Ferne etwas Rotes zu entdecken. Dabei übersah er, was direkt vor ihm auf der Erde lag.

»Achtung«, warnte ihn Monika. »Ein stinkender brauner Haufen.«

»Igitt!«, rief Herr Günter und hob prüfend seine Gänseflossen an. Zum Glück waren sie sauber.

»So ein Mist aber auch!«, meckerte Schorsch. »Jemand hat einen Haufen in unser Gemüsebeet gemacht.«

Da bewegte sich der Haufen plötzlich und sagte höflich: »Guten Tag. Ich bin die Rosi.«

Schorsch kicherte. »Ich wusste gar nicht, dass Kackhäufchen einen Namen haben.«

»Ich bin kein Kackhäufchen«, protestierte das seltsame Wesen. »Ich bin eine Unke.«

Verwundert kroch Monika einmal rund um die Unke herum und betrachtete sie von allen Seiten. Zum Schluss blieb sie direkt vor ihr stehen. »Guten Tag, kleine Unke«, sagte sie höflich.

Rosi winkte ihr freundlich zu.

Unken sind kleine Amphibien. Sie leben an Land, aber ihre Jungen entwickeln sich im Wasser. Deshalb haben Unken zwischen ihren Fingern und Zehen Schwimmhäute.

Schorsch verzog den Mund. Die Unkenhand war schleimig, und zwischen den Fingern spannten sich Schwimmhäute. Rosi hüpfte ein Stück näher und fragte schüchtern: »Was macht ihr denn Schönes?«

»Wir suchen ein rotes Dings«, erklärte Monika. »Aber wir können es einfach nicht finden.«

»Das klingt lustig«, fand Rosi. »Darf ich mitmachen?«

»Nö«, meckerte Schorsch. »Ich spiele nicht mit einem sprechenden Kackhaufen.«

Traurig ließ die Unke den Kopf sinken. Wie ein Unglückshäufchen hockte sie im Gemüsebeet.

»Sei nicht traurig«, sagte Monika, denn Rosi tat ihr leid. »Schorsch hat es nicht so gemeint. Natürlich darfst du mitspielen.«

Rosi strahlte, sodass ihr breites Unkenmaul noch breiter wurde. »Wirklich?«, fragte sie und zappelte aufgeregt. Dann sagte sie schnell, bevor Schorsch es verbieten konnte: »Ich sehe was, was ihr nicht seht, und das ist eine Unke.«

Im Zickzack hüpfte sie durchs Gemüsebeet und war plötzlich wie weggezaubert.

Herr Günter erklärte: »Eine Unke ist vielleicht nicht hübsch, aber dafür kann sie sich unsichtbar machen. So schützt sie sich vor gefräßigen Tieren.«

Vergeblich hielten die drei Freunde nach ihr Ausschau und konnten sie doch nicht entdecken. Schließlich gab Monika auf und sagte: »Ich glaube, Rosi hat gewonnen!«

»Stimmt gar nicht«, brummte Schorsch. »Ich habe gewonnen, weil ihr das rote Dings immer noch nicht gefunden habt.«

Wie wird man unsichtbar?

Manche Tiere und Pflanzen passen sich ihrer Umgebung an. Diese Kunst, sich unsichtbar zu machen, heißt Mimese.

Gespenstschrecke – sieht einem Blatt zum Verwechseln ähnlich.

Spannerraupe – sieht aus wie ein Ast oder ein Zweig.

Lebende Steine – diese Pflanzen könnte man glatt mit Steinen verwechseln.

»Ich glaube, dieses rote Dings gibt es gar nicht«, vermutete Herr Günter. »Du kannst nur wieder einmal nicht verlieren.«

Weil Herr Günter aber auch nicht gern verlor, stocherte er mit seinem Schnabel im Laub herum. Vielleicht verbarg sich da etwas Rotes? Er merkte nicht, dass genau dort die kleine Unke saß. Sie hatte dieselbe Farbe wie die verwelkten Blätter. Herr Günter stupste Rosi an. Blitzschnell zeigte sie ihren feuerrot gefleckten Bauch.

Herr Günter erschrak. Dann sah er genauer hin. »Wie interessant«, stellte er fest. »Rosi ist eine Rotbauchunke.«

»Haha!«, rief Schorsch schnell. »Rosis Bauch ist rot! Den hab ich gemeint. Ich habe gewonnen!« Stolz klopfte er sich mit dem Regenwurmschwanzspitzenzipfelchen an die Brust.

Monika staunte. »Woher hast du gewusst, dass der Bauch rot ist?«

»Ähm«, stotterte

Unkenreflex: Die Rotbauchunke kann ihre Rückenfärbung an einen hellen oder dunklen Untergrund anpassen. Aber wenn sie doch entdeckt wird, zeigt sie ihren feuerrot gefleckten Bauch und erschreckt den Angreifer. Damit signalisiert sie: Achtung, ich bin giftig!

Schorsch verlegen. »Das hab ich mir so gedacht.«

»Ich glaube eher, du hast geschummelt«, sagte Herr Günter.

Schorsch fühlte sich ertappt, er wurde dunkelrosa vor Verlegenheit.

Zu seiner Überraschung kam ihm Rosi zu Hilfe: »Bestimmt ist mir Schorsch schon einmal begegnet«, vermutete sie. »Ich bin seit ein paar Tagen im Garten.«

»Ganz genau!«, behauptete Schorsch. »Ich hab sie gestern gesehen.«

Herr Günter verzog ungläubig das Gesicht. Auch Monika wunderte sich. Sie verbrachte doch den ganzen Tag zusammen mit ihrem besten Freund. Hätte sie der Unke dann nicht ebenfalls begegnen müssen?

Aber die kleine Schnecke wollte sich nicht streiten. »Wir spielen einfach noch einmal«, schlug sie vor.

Rosi bettelte: »Darf ich wieder mitmachen?«

Obwohl sie Schorsch gerade aus der Patsche geholfen hatte, sagte der Regenwurm: »Nö! Du riechst komisch. Mit dir will ich nicht spielen.«

Vorsichtig schnupperte Monika an Rosi. Die Unke roch tatsächlich ein bisschen streng.

»Das liegt nur an ihren Warzen«, erklärte Herr Günter.

Schorsch schüttelte sich. »Stinkende Warzen! Das ist eklig!«

Rosi schämte sich schrecklich. Aber sie konnte doch nichts dafür, dass sie nicht gut roch!

Monika tat die arme Unke leid. »Reib dich einfach mit duftenden Blumen ein«, schlug sie vor. »Dann riechst du gleich viel besser.«

Auf der Wiese wuchsen leuchtend blaue Veilchen. Voller Hoffnung pflückte Rosi ein paar und schrubbte sich damit ab. Zuerst die Füße, dann den roten Bauch, und zum Schluss parfümierte sie sich sogar zwischen ihren Schwimmhäuten ein.

»Das solltest du nicht tun, Rosi«, warnte Herr Günter. »Dein strenges Parfüm beschützt dich vor Angreifern.«

Aber das war Rosi egal. Sie wollte einfach so gern mit ihren neuen Freunden spielen. Endlich war sie fertig und hüpfte zu Schorsch. »Wie rieche ich jetzt?«, fragte sie hoffnungsvoll.

Der Regenwurm verzog das Gesicht. »Wie ein Hundehaufen im Veilchenbeet.«

Geknickt seufzte Rosi. Sie war und blieb eben eine hässliche Unke, mit der keiner etwas zu tun haben wollte.

Rotbauchunken haben am Körper Hautdrüsen, die wie Warzen aussehen. Sie sondern eine Flüssigkeit ab, die in Augen und Nase brennt. So schützt sich die Unke vor dem Gefressenwerden.

»Schorsch!«, sagte Monika vorwurfsvoll. »Das war nicht nett.«

»Aber es stimmt«, brummte Schorsch trotzig. »Rosi stinkt so doll, dass ich mir die Nase zuhalten muss.«

»Ein Regenwurm hat keine Nase«, erinnerte ihn Herr Günter.

Trotzdem rückte Schorsch ein Stück von Rosi weg. Er wollte ihrer runzligen Warzenhaut auf keinen Fall zu nahe kommen. Seine Haut dagegen sah wie immer schön glatt und rosa aus. Zufrieden guckte er an sich herunter. Aber was war das? Auf seinem Regenwurmschwanzspitzenzipfelchen thronte ein dicker brauner Punkt. Hatte er etwa ebenfalls eine Warze?

»So ein Mist aber auch!«, schrie Schorsch. »Rosi hat mich angesteckt! Jetzt habe ich die Warzenkrankheit!«

Die Unke brach in Tränen aus.

Monika streckte ihren linken Fühler nach dem braunen Buckel auf Schorschs Haut aus. Sie tippte aber lieber nicht dran. Vielleicht war es wirklich ansteckend? Sie wollte keine braune Warze auf ihrem Fühler haben.

Nur Herr Günter blieb ruhig und besonnen. »So ein Unsinn«, sagte er. »Das ist gar nicht möglich.«

Er beugte sich zu Schorsch hinunter und betrachtete die braune Beule ganz genau durch seine Brille. Auf einmal musste er lachen. Er streckte seinen Flügel aus und schnipste die Warze einfach weg. Sie flog über die Wiese und landete auf einem Pilz.

»Oh!«, staunte Rosi bewundernd. »Können Sie bitte auch meine Warzen wegzaubern?« Sie streckte ihm ihren buckeligen Rücken entgegen.

Rotbauchunke

Unauffällig von oben, Warnschild von unten

Herr Günter schüttelte den Kopf. »Aber du brauchst deine Warzen«, versicherte er ihr. »Sie beschützen dich.«

»Nein«, sagte Rosi traurig. »Die machen nur Ärger!«

Bedauernd hob Herr Günter seine Flügel: »Ich kann dir leider nicht helfen. Das war keine Warze bei Schorsch. An ihm hat nur ein dicker Erdkrümel geklebt.«

»Keine Warze! Puh!« Schorsch pustete erleichtert die Luft aus. Da hatte er noch einmal Glück gehabt.

»Darüber bin ich sehr froh«, stellte auch Monika fest.

Am glücklichsten aber war Rosi. »Jetzt darf ich bestimmt mit euch spielen?«, hoffte sie.

Doch Schorsch war immer noch dagegen. »Du bist

eine hässliche **Stinke-Schleim-Warzen-Unke.** Wir wollen dich nicht in unserem Garten haben.«

Rosi sah den Regenwurm ganz erschrocken und mit offenem Mund an. Und Herr Günter schüttelte tadelnd den Kopf.

»Das war gemein, Schorsch«, sagte Monika. Sie kroch zu Rosi und streichelte sie mit ihren Fühlern. Die traurige Unke tat ihr so leid, dass sie gar nicht mehr auf die vielen Warzen achtete. Rosi war eine unglückliche Freundin, und die musste dringend getröstet werden. Auch wenn sie sich ein bisschen glitschig anfühlte.

»Kein Wunder, dass mich niemand mag«, jammerte Rosi. »Ich bin ganz schleimig.«

»Na und?«, sagte Monika und kicherte. »Ich doch auch.« Sie hob ihren Saugfuß an. Der Schneckenschleim darunter machte ein lustiges schmatzendes Geräusch.

Regenwürmer verteilen auf ihrer Haut eine Art Schleim, damit sie besser durch die Erde rutschen können. Außerdem können sie über diese feuchte Haut atmen. Auch Unken atmen auf diese Weise.

Schorsch fiel ein, dass er sich auch manchmal mit Schleim einschmierte, damit er besser durch die Erde rutschen konnte.

Rosi begann zu schluchzen. »Ich bin einfach schrecklich hässlich«, brach es aus ihr heraus. Dicke Unkentränen tropften über ihre braunen Warzen und landeten im Gras.

Schorsch erschrak. Er hatte nicht gewollt, dass die

Unke so traurig war. In seinem Bauch begann es zu kneifen und zu grummeln. Das war das schlechte Gewissen.

»Du musst dich entschuldigen«, forderte Monika.

Obwohl der kleine Regenwurm wusste, dass sie recht hatte, machte er ein bockiges Gesicht. Es war eben nicht leicht, einen Fehler zuzugeben.

In diesem Moment flog ein Rotkehlchen über die Wiese und entdeckte den Regenwurm im Gras. Leider war Herr Günter gerade mit einem saftigen Salatblatt beschäftigt und merkte nichts davon. Aber Rosi erkannte die Gefahr sofort. Blitzschnell warf sie sich vor Schorsch und zeigte die rote Warnfarbe auf ihrem Bauch. »Stopp! Ich bin giftig!«, schmetterte sie dem Vogel entgegen.

Das Rotkehlchen piepte entsetzt und flog eilig davon.

Ganz benommen ringelte sich der kleine Regenwurm auf der Erde. Er hatte großes Glück gehabt!

»Bist du sehr erschrocken?«, fragte Rosi mitfühlend.

Schorsch schämte sich auf einmal sehr. »Du hast mir geholfen, obwohl ich so gemein zu dir war«, sagte er zerknirscht. »Bitte entschuldige.«

»Schon gut«, quakte Rosi fröhlich.

Plötzlich fühlte sich Schorsch besser. Und weil es gar nicht so schlimm gewesen war, einen Fehler zuzugeben, sagte er: »Und gemogelt habe ich vorhin auch. Es tut mir leid!«

Herr Günter nickte zufrieden. »Ich wusste es«, verkündete er.

»Seid ihr mir böse?«, fragte Schorsch besorgt.

Monika strahlte ihn an. »Das ist Schneckenschleim von gestern«, sagte sie. »Eingetrocknet und vergessen.«

Erleichtert atmete Schorsch auf. Das Kneifen in seinem Bauch verschwand.

»Darf ich denn jetzt mitspielen?«, fragte die Unke schüchtern.

»Na klar!«, rief der Regenwurm übermütig.

Rosi hatte auch schon eine Idee, was sie diesmal spielen wollten. »Wir erschrecken uns gegenseitig!«, schlug sie vor.

Schorsch freute sich, nur Monika runzelte besorgt die Stirn. »Aber nicht zu sehr«, bat sie. »Sonst fürchte ich mich.«

»Ist doch klar wie Tümpelbrühe!«, versprach Schorsch. Und Rosi versicherte: »Wir erschrecken einander nur zum Spaß. Das kribbelt so lustig im Bauch.«

Sie stellten sich im Kreis auf, und selbst Herr Günter trennte sich für einen Moment von seinem Salat.

Monika begann und machte schüchtern: »Buh!«

Weil sie es sehr leise sagte, erschrak leider niemand, und es kribbelte auch bei keinem im Bauch.

Herr Günter feuerte sie an: »Du musst lauter rufen!« Dann übte er zusammen mit ihr. Nach und nach wurde die kleine Schnecke mutiger.

Bis die beiden gleichzeitig so laut »Buh!« riefen, dass durch ihren Atem ein paar Pusteblumensamen davonflogen.

Schorsch kicherte. »Ihr habt die Pusteblume erschreckt!«

Monika rief den Schirmchen nach: »Das war doch nur Spaß!«

»Jetzt bist du dran!«, sagte Schorsch zu Rosi. »Du musst uns unbedingt deinen Erschreckertrick zeigen!«

Da setzte sich Rosi ganz still ins Gras und rührte sich nicht mehr.

»Ist sie eingeschlafen?«, überlegte Monika.

In diesem Moment zeigte Rosi blitzschnell ihren grellrot leuchtenden Bauch.

»Huch!«, rief Monika und musste lachen.

Auch Schorsch und Herr Günter waren zusammengezuckt. Allen dreien hatte es dabei lustig im Bauch gekribbelt.

»Das will ich auch lernen«, bettelte Schorsch. »Bringst du mir das bei, Rosi?«

Er stellte sich vor, wie er das Rotkehlchen im Garten mit seinem Schreckhopser verjagen konnte.

Rosi nickte. »Klar! Also, zuerst legst du dich auf den Bauch.«

Schorsch warf sich der Länge lang hin. »Bin bereit!«

»Sehr schön«, lobte ihn Rosi. »Und dann biegst du

dich wie ein Schiffchen, damit man deinen Bauch sieht, und drehst die Beine nach oben.«

Schorsch guckte griesgrämig. »Welche Beine?«

»Ein Regenwurm hat keine Beine!«, warf Herr Günter ein.

Schorsch war schrecklich enttäuscht. »Das ist ungerecht! Ich wollte so gern den Vogel erschrecken«, jammerte er.

Rosi war ratlos. »Leider hab ich keine Ahnung, wie das ohne Beine gehen soll.«

Zum Glück hatte der kluge Herr Günter eine Idee. »Ich weiß, was wir brauchen!«, verkündete er. Er pflückte ein paar Samenkapseln des Springkrauts, die ganz dick waren und bald platzen würden.

Neugierig tippte Schorsch mit seinem Regenwurmschwanzspitzenzipfelchen an eine Kapsel. Mit Karacho sprang sie auseinander.

»Hilfe!«, rief Monika erschrocken.

»In Deckung!«, schrie Rosi, und Schorsch duckte sich. Selbst Herr Günter zuckte vor Schreck zusammen, denn kleine Samenkörnchen schnipsten durch die Luft.

»Juchhu!« Schorsch freute sich. »Mit diesem Zünder unter dem Popo kann ich bestimmt super hopsen!«

»Ein Regenwurm hat keinen Popo«, erinnerte ihn Herr Günter. Aber das war Schorsch egal.

Der Gänserich legte das Springkraut auf die Wiese – und zwar ganz vorsichtig, damit es nicht schon vorzeitig aufplatzte. »Alles startklar«, verkündete er.

Nun legte sich Schorsch auf eine Samenkapsel. Die sprang auf und schleuderte ihn hoch.

»Huch!«, rief Monika, und Rosi lachte bewundernd. Der Regenwurm hatte in der Luft einen Salto gedreht. Nun jubelte er: »Noch mal!«

Herr Günter legte eine lange Reihe von Samenkapseln auf den Kiesweg, damit Schorsch genug Munition hatte. Monika kroch näher und tippte mit ihrem Fühler daran. Die Kapsel

sprang auf, und Samen flogen durch die Luft. Begeistert winkte sie Rosi heran. »Das macht solchen Spaß!«

Die Unke tippte die nächste Samenkapsel an. Wieder schnipsten die kleinen Körnchen durch die Gegend. Und während Schorsch wie ein Wilder in die Luft hopste, ließen Monika und Rosi ein Springkraut nach dem anderen knallen. Jedes Mal erschraken sie dabei, und jedes Mal kribbelte es lustig in ihrem Bauch.

Herr Günter sorgte ständig für Nachschub. Die anderen feuerten sich gegenseitig an und erschreckten einander. Rosi musste dabei so lachen, dass sie auf den Rücken fiel und ihren rot gefleckten Bauch zeigte.

Als sich im ganzen Garten kein einziges Springkraut mehr finden ließ, waren alle aus der Puste. Schorsch vom Hopsen, Herr Günter vom Sammeln der Samen, Monika vom vielen Erschrecken und Rosi vom Lachen.

Sie legten sich alle vier im Kreis ins Gras und verschnauften. Die Abendkühle senkte sich über den Garten, und erste Tautropfen glitzerten zwischen den Gräsern.

»Ich kann nicht mehr«, schnaufte Herr Günter.

»Ich auch nicht«, sagte Schorsch.

Rosi streckte sich wohlig und berührte dabei den Regenwurm mit ihrer warzigen Haut. Erschrocken zog sie ihren Fuß zurück und hörte auf zu lachen. »Entschuldigung!«

»Macht doch nichts.« Schorsch merkte plötzlich, dass er Rosi gar nicht mehr abscheulich fand.

»Aber alle ekeln sich vor mir«, murmelte sie.

Monika streichelte die kleine Unke mit ihrem Fühler und beteuerte: »Ich mag dich!«

Herr Günter nickte und stellte fest: »Du bist von oben bestens getarnt.«

Schorsch stimmte ihm zu: »Und unten hast du eine prima Schockfarbe.«

Aber das tröstete Rosi nicht, denn sie konnte sich selbst nicht besonders gut leiden.

»Schorsch hatte vorhin recht«, sagte sie traurig. »Ich bin eine hässliche Stinkeschleimwarzenunke.«

Bei diesen Worten ärgerte sich Schorsch schrecklich über sich selbst. Warum hatte er nur so etwas Gemeines gesagt? Eine Unke hatte Warzen, aber sie konnte doch nichts dafür. Ein Regenwurm hatte keine Nase und konnte auch nichts dafür.

Rosi seufzte. »An mir ist leider gar nichts schön.« Sie

dachte kurz nach und fügte betrübt hinzu: »Überhaupt gar nichts.«

Tröstend legte Schorsch sein Regenwurmschwanzspitzenzipfelchen um sie. Herr Günter strich ihr mit dem Flügel über den Kopf.

Und Monika sagte überzeugt: »Das stimmt nicht, Rosi. Jeder hat irgendwas ganz besonders Schönes an sich.«

Sofort grübelten alle nach, was das bei ihnen war. Herr Günter fand es als Erster heraus. Er sprang auf und spreizte seine Flügel.

»Ich habe ein besonders elegantes grauweißes Gefieder!«, rief er. Rosi seufzte. Diese glänzenden, weichen Federn hätte sie auch gern gehabt.

Schorsch zeigte auf seinen Bauch und erklärte: »Und ich habe eine sehr schöne, rosafarbene Haut.«

Bewundernd stellte die Unke fest: »Die ist so glatt. Du hast nicht eine einzige Warze.«

Nun war Monika an der Reihe. »Ich habe ein sehr hübsches, gelb-braun gemustertes Häuschen.«

Rosi staunte. »Es glänzt sogar und ist noch dazu in sich gedreht.«

Nun sahen alle zur Unke, und Monika forderte sie auf: »Du bist dran. Was findest du an dir schön?«

Rosi guckte an sich herunter. »Gar nichts«, sagte sie traurig.

Die drei Freunde versuchten, ihr zu helfen.

»Aber du hast herrlich gruselige Flecken auf dem Bauch«, erinnerte sie Schorsch.

»Ja, eben«, sagte Rosi. »Die sind gruselig. Nicht schön.«

Frösche, Kröten, Unken

Wie unterscheidet man sie?

Frösche haben glatte Haut und können springen.

Kröten kriechen und haben Warzen.

Unken haben auf dem Bauch Warnfarben und herzförmige Pupillen.

Herr Günter versuchte es ebenfalls: »Und du hast äußerst interessante Warzen, aus denen Gift herauskommt.«

»Genau«, sagte Rosi. »Die sind interessant. Kein bisschen schön.«

Mit großen, traurigen Augen guckte sie Monika an. Und plötzlich entdeckte die kleine Schnecke etwas. Sie rückte ein Stück näher an Rosi heran, noch ein Stück näher, und dann sah sie es genau. Die Pupillen der Unke waren wie Herzen geformt!

»Rosi!«, rief Monika begeistert. »Du hast ja Herzchenaugen!«

Das wollte Schorsch natürlich sehen und kroch heran. Auch Herr Günter beugte sich herab. Tatsächlich! Rosis Augen hatten eine goldbraune Farbe, und in der Mitte befand sich ein dunkles Herz. Die drei Freunde staunten. So etwas Wunderschönes hatten sie noch nie gesehen!

»Du hast die allerschönsten Augen der Welt!«, rief Monika bewundernd.

Rosi konnte es gar nicht glauben. »Das habt ihr euch bestimmt nur ausgedacht, um mich zu trösten«, sagte sie.

Monika schob die Unke zu einem Grashalm, an dem ein dicker Tautropfen hing. Darin spiegelte sich die kleine Rotbauchunke.

»Ich habe ja wirklich Herzchenaugen!«, rief sie entzückt. »Das wusste ich gar nicht!«

Rosi konnte sich nicht sattsehen. Sie hörte erst auf, als es so dunkel wurde, dass sie die Herzchen in ihren Augen nicht mehr erkennen konnte. Glücklich seufzte sie. »Vielleicht mag ich mich doch ein bisschen.«

»Das ist gut«, sagte Herr Günter. Er selbst mochte sich nämlich außerordentlich gern.

Auch Monika war sehr froh. »Wir haben uns alle lieb«, sagte sie zu ihren Freunden. »Und wir haben alle etwas besonders Schönes an uns.«

Und das stimmte. Denn jedes Wesen auf der Welt ist ganz genau richtig und auf seine eigene Weise wunderschön.

4.

Ganz schön gefährlich

Der Gartenzaun warf einen langen Schatten auf die Wiese. Monika rieb sich mit den Fühlern die Augen und gähnte. »Wollen wir langsam schlafen?«, fragte sie ihre beiden Freunde.

Herr Günter stand breitbeinig im Gemüsebeet. »Nur noch ein letztes Häppchen«, versprach er. »Dann flattere ich an den Gänseteich.« Er zupfte aber nicht nur ein letztes Blättchen ab, sondern ganz viele große Salatblätter. Dabei ließ er sich Zeit und genoss jeden Bissen. Salat war nun einmal seine Lieblingsspeise.

Auch Schorsch hatte es nicht besonders eilig, unter die Erde und ins Bett zu kriechen. »Ich schiebe mir bloß noch eine klitzekleine Kleinigkeit in den Schnabel«, rief er Monika zu.

»Ein Regenwurm hat keinen Schnabel«, erinnerte ihn Herr Günter.

Schorsch ärgerte sich. Um wieder gute Laune zu bekommen, malte er mit seinem Regenwurmschwanzspitzenzipfelchen lustige Kringel auf den Kiesweg.

Ungeduldig rutschte Monika auf ihrem Schnirkelschneckenschleim hin und her. »Ich putze schon mal meine Zähnchen«, kündigte sie an.

»Och nö«, maulte Schorsch. »Ich hab keine Lust zum Zähneputzen.«

»Das ist auch nicht nötig«, erklärte Herr Günter. »Ein Regenwurm hat keine Zähne.«

Schorsch grinste. Endlich war es einmal von Vorteil, dass er etwas nicht hatte.

Monika stellte sich unter einen Grashalm, an dem ein schwerer Tautropfen hing. Sie streckte ihre Zunge mit den vielen winzigen Raspelzähnchen heraus und wartete geduldig, dass der Tropfen herunterfiel. Dann gurgelte sie ausgiebig damit.

Die Sonne verschwand hinter dem Gartenzaun, und es wurde dämmerig. Herr Günter fraß ein allerletztes Blatt. Wenn er den Weg zum Gänseteich noch finden wollte, musste er wirklich losfliegen. Er wünschte seinen Freunden eine gute Nacht und watschelte zur Startbahn. Auf der Wiese blieb der Gänserich plötzlich stehen. Er legte seinen Kopf schräg und lauschte. Hatte da etwas geraschelt?

Monika wunderte sich. »Was ist denn?«, rief sie ihm zu.

Ratlos zuckte Herr Günter mit den Flügeln. »Ich weiß nicht«, sagte er. »Ich habe ein seltsames Gefühl im Bauch.«

Schorsch konnte sich schon denken, was das war. »Sie haben bestimmt wieder Hunger.«

Herr Günter fraß ein großes Breitwegerichblatt und horchte in sich hinein. Aber das mulmige Gefühl war noch da. Besorgt drehte er sich zu seinen zwei kleinen Freunden um.

»Passt gut aufeinander auf, wenn ich nicht da bin«, bat er. »Und seid nicht zu vertrauensselig.«

»Ist doch klar wie Tümpelbrühe«, tönte der Regenwurm großspurig. »Was soll uns schon passieren?«

Monika kroch neben Schorsch und kuschelte sich an. »Wenn es gefährlich wird, krieche ich in mein Schneckenhäuschen«, versprach sie.

Zum Abschied winkte sie dem Gänserich mit ihren Fühlern zu. Schorsch tippte mit dem Regenwurmschwanzspitzenzipfelchen an seine Kappe.

In der Dämmerung konnte Herr Günter kaum noch die leuchtend gelben Löwenzahnblüten erkennen, die seine Startbahn markierten. Die ersten Tautropfen sammelten sich an den Gräsern. Es war wirklich allerhöchste Zeit für den Abflug.

Mit wackelndem Bürzel und viel Schwung rannte der Gänserich los, als Monika plötzlich schrie: »Halt!«

Im selben Moment brüllte Schorsch: »Stoooop!«

Herr Günter bremste mit quietschenden Flossen und kam gerade noch rechtzeitig zum Stehen. Genau in der Mitte der Startbahn lag etwas und versperrte ihm den Weg.

»Ich wusste doch, dass hier irgendetwas nicht stimmt«, sagte der Gänserich und machte einen langen Hals. Was war das bloß?

Auch Schorsch wunderte sich. »Was ist das für ein komisches Ding?«

Und Monika fragte: »Hat das jemand verloren?«

Zusammen krochen die beiden über die Wiese zu Herrn Günter. Der runzelte besorgt die Stirn. »Ich glaube«, flüsterte er, »auf meiner Startbahn liegt ein verletztes Tier!«

Gemeinsam pirschten sie sich näher heran.

»Auweia«, wisperte Monika. »Was mag dem armen Kerl nur passiert sein?« Sie kroch um das Fellbündel herum. Es war groß, rotbraun und hatte einen buschigen Schwanz. »Bestimmt ist das ein Hund«, vermutete sie.

»Quark mit Quatschsoße«, behauptete Schorsch. »Das ist ein Monstereichhörnchen!«

Monika verkroch sich vor Schreck in ihr Häuschen. Nur die Fühler und ein Auge guckten noch heraus. Sie fürchtete sich zwar vor diesem Monstereichhörnchen, wollte aber trotzdem auf keinen Fall etwas verpassen.

»So ein Unsinn!«, sagte Herr Günter. »Es gibt keine Monstereichhörnchen.«

Er beugte sich über das Fellbündel und betrachtete es aufmerksam durch seine kluge Brille. Plötzlich entdeckte er an dem rotbraunen Puschelschwanz ein weißes Ende. Erschrocken ruderte er mit den Flügeln zurück. »Um Himmels willen! Das ist ein Fuchs!«

»Ich bin sehr froh, dass es kein Monstereichhörnchen ist«, sagte Monika erleichtert und kroch wieder aus ihrem Häuschen.

Aber nun fürchtete sich Herr Günter. Wenn er nur an einen Fuchs dachte, bekam er Gänsehaut. Panisch guckte er sich um. Seine Startbahn war versperrt, wie sollte er es nur schaffen, abzuheben? Aufgeregt flatterte er durch den Garten. Er schlüpfte hinter den Kirschbaum, aber sein stattlicher Bauch guckte hervor. Er hüpfte hinter die Regentonne, doch sein Bürzel verriet ihn. »Wo kann ich mich verstecken?«, schnatterte er panisch.

»Sie sind ein ziemlicher Schisser«, fand Schorsch. »Nicht mal die Monika hat Angst.«

Die kleine Schnecke kroch näher an den Fuchs heran. Lebte er überhaupt noch, so reglos, wie er dalag? Sogar die Zunge hing ihm aus dem Maul.

»Seht ihr die spitzen Zähne?«, kreischte Herr Günter und versuchte, sich unter die Gartenbank zu quetschen. Leider passte er nicht darunter. Er war einfach zu stattlich.

»Sie müssen sich wirklich nicht fürchten«, machte ihm Monika Mut.

Mit ihrem Fühler tippte sie an die Fuchsnase. Als nichts passierte, wurde auch Schorsch mutig. Er zupfte das Tier am Ohr, stupste es am Bauch an und zog sogar an einem Schnurrhaar. Der Fuchs rührte sich nicht.

»Ich glaube, der ist mausetot«, stellte Schorsch fest.

»Bist du sicher?«, fragte Herr Günter und wagte sich zurück zu seinen Freunden.

In diesem Moment zitterte die weiße Schwanzspitze des Fuchses. Schwach hob er den Kopf, öffnete die Augen und flehte mit heiserer Stimme: »Hilfe!«

»Er lebt!«, schrie Herr Günter erschrocken.

Der Fuchs stöhnte und verdrehte die Augen. Es schien ihm wirklich schlecht zu gehen.

Sofort bekam Monika Mitleid. »Armes Füchslein! Was können wir nur tun?«

Schorsch kratzte sich nachdenklich mit dem Regenwurmschwanzspitzenzipfelchen am Kopf. Mit Füchsen kannte er sich nicht aus. Aber einem Regenwurm ging es schlecht, wenn es lange nicht geregnet hatte und der Boden hart und trocken war. Er brauchte viel Feuchtigkeit, damit er gesund blieb. Deshalb schlug Schorsch vor: »Bestimmt hilft ihm eine kräftige Dusche wieder auf die Beine.«

Füchse sind dämmerungs- und nachtaktive Tiere. Sie legen sich mit Geruchsmarkierungen eine Landkarte an, mit deren Hilfe sie sich zurechtfinden.

Monika war sehr froh über diesen Vorschlag. »Schnell!«, bat sie. »Holen Sie Wasser, Herr Günter!«

Doch der Gänserich wollte auf keinen Fall einem Fuchs helfen, egal, wie schlecht es ihm ging.

Gequält stöhnte der Fuchs: »Ich werde sterben! Und ihr seid schuld.«

Monika streichelte die Fuchsschnauze und rief: »Aber wenn jemand in Not ist, müssen wir doch helfen!«

Herr Günter verschränkte die Flügel vor der Brust und behauptete: »Ohne mich. Einem Fuchs kann man nicht trauen.«

Die kleine Schnecke war den Tränen nahe. »Wir müssen doch etwas tun!«

Da streckte sich Schorsch und spannte seine Muskeln an. »Dann werde ich wohl den Retter spielen«, erklärte er entschlossen.

Mit seinem Regenwurmschwanzspitzenzipfelchen angelte er nach einem langen Blatt. Drei große Tautropfen lagen darauf. Sie perlten herab und fielen auf die Schnauze des Fuchses. Der schleckte sie ab, doch es schien nicht zu helfen. Noch immer lag der Fuchs kraftlos da.

»Was können wir denn nur tun?«, fragte Monika verzweifelt.

Der Fuchs schloss die Augen und hauchte: »Mich kann nur eine Maul-zu-Schnabel-Beatmung retten.«

»Tja«, sagte Schorsch. »Ein Regenwurm hat keinen Schnabel.«

Alle guckten erwartungsvoll zu Herrn Günter. Aber der hatte keine Lust auf eine Maul-zu-Schnabel-Beatmung, schon gar nicht bei einem Fuchs.

»Aber Sie müssen, Herr Günter«, bettelte Monika. »Sehen Sie doch, er braucht unsere Hilfe!«

Auch Schorsch drängte den Gänserich: »Da ist doch wirklich nichts dabei.«

Und der Fuchs schmeichelte mit leiser Stimme: »Wer so klug und stattlich ist wie Sie, kann unmöglich Angst vor einem verletzten Fuchs haben.«

Herr Günter wusste natürlich, dass er sehr klug und

besonders stattlich war. »Also gut«, sagte er, watschelte heran und beugte sich über den Verletzten. Sein Schnabel näherte sich dem Fuchsmaul. Der Fuchs blinzelte, und als er sah, dass der Gänserich nahe genug war, schnappte er zu.

»Gack!«, machte Herr Günter erschrocken. Der Fuchs hatte ihn am Hals gepackt.

»So ein Mist aber auch!«, rief Schorsch. »Der hat uns reingelegt.«

»Man darf nicht schwindeln!«, tadelte Monika den Fuchs. »Lass sofort unseren Herrn Günter los!«

Der Fuchs grinste und dachte gar nicht daran.

»Das sage ich Herrn Günters Mutti!«, drohte Monika. »Die wird ganz schön mit dir schimpfen!«

Und Schorsch meckerte: »Du bist ein Betrüger. Das erzähle ich meinem Opa!«

Doch all das beeindruckte den Fuchs kein bisschen. »Ich bin kein Betrüger«, verteidigte er sich. Dabei nuschelte er ein wenig, denn noch immer hatte er den Gänsehals im Maul. »Ich bin Schauspieler. Man nennt mich Fidibus!«

Ohne Herrn Günter loszulassen, sprang er auf. Nun konnte jeder sehen, dass er kein bisschen verletzt war. Sein rostrotes Fell glänzte, und der buschige Schwanz mit der weißen Spitze legte sich wie ein eleganter Kragen um seinen Hals.

Füchse sind sehr schlau und richtige Schauspieler. Sie stellen sich tot, um damit Aasfresser wie Krähen anzulocken. Mit einer List können sie sogar Igel fangen, indem sie die Stachelkugel zum Wasser rollen, die sich dann öffnet, weil der Igel schwimmen muss.

Fidibus war wirklich ein sehr guter Schauspieler. Er hatte so getan, als wäre er verletzt, um den Gänserich zu schnappen. Mit einer eleganten Drehung verbeugte er sich. »Ihr dürft jetzt Beifall klatschen und jubeln!«, forderte er.

Aber Monika und Schorsch pressten nur stumm die Lippen aufeinander. Erst sollte Fidibus ihren Freund loslassen.

Währenddessen versuchte Herr Günter verzweifelt, sich zu befreien. Doch der Fuchs war stärker. Er klemmte sich den Gänserich einfach wie ein Paket unter den Arm.

»Lass mich los«, bettelte Herr Günter. »Dann erzähle ich dir auch von meinen zahlreichen und sehr lehrreichen … Hmpfs.«

Weiter kam er nicht, denn Fidibus hielt ihm den Schnabel zu. Allmählich wurde es wirklich gefährlich.

»Schorsch!«, wimmerte Monika. »Wir müssen Herrn Günter retten!«

Schorsch nickte. Aber wie? Ihnen musste etwas einfallen, und zwar schnell! Nervös klopfte er mit seinem Regenwurmschwanzspitzenzipfelchen auf den Boden.

Fidibus spuckte auf seine Hinterpfote und zwirbelte sich die Schnurrhaare. »Wie seh ich aus?«, fragte er und reckte stolz den Kopf.

Was für ein Angeber! Da hatte Schorsch eine Idee. »Schade, dass du Herrn Günter den Schnabel zuhältst. Er kommt nämlich viel in der Welt herum.«

Der Fuchs machte ein hochmütiges Gesicht. »Und warum sollte mich das interessieren?«

Schorsch fuhr fort: »Er könnte dir sagen, was man sich im fernen Afrika über euch Füchse erzählt.«

Fidibus riss die Augen auf. »Man spricht überall auf der Welt über Füchse?«, fragte er neugierig. »Auch über berühmte Füchse wie mich?«

Monika nickte so eifrig, dass ihre Fühler wippten. »Ganz genau!«, beteuerte sie.

Fidibus hätte zu gern gewusst, was das für Geschichten waren. Also nahm er seine Pfote von Herrn Günters Schnabel. Der Gänserich schnappte nach Luft und wollte sich eine Löwenzahnblüte angeln. Auf diesen Schrecken brauchte er dringend eine Stärkung. Aber leider kam er nicht ran. Der Fuchs hielt ihn ja immer noch fest.

»Na los!«, forderte Fidibus ihn auf. »Sagen Sie mir, was man in anderen Ländern über uns Füchse erzählt!«

Herr Günter dachte kurz nach. »Füchse sind außerordentlich klug«, begann er. »Sie können sich sehr überzeugend tot stellen, um leichtgläubige Tiere zu fangen.«

»Ja«, sagte Monika bekümmert, »wir haben dir auch geglaubt.«

Der Fuchs grinste, sodass seine Schnurrhaare vor Freude zitterten. »Soll ich noch mal vorführen? Bloß zum Spaß!«

Ohne Herrn Günter loszulassen, verdrehte er die Augen, ließ seine Zunge heraushängen und röchelte: »Ich sterbe!«

»Darauf wäre jeder reingefallen«, sagte Schorsch beeindruckt.

> Auch andere Tiere tricksen und schauspielern: Ein mittelamerikanischer Buntbarsch stellt sich tot, um Beute anzulocken. Wenn sich ein Rabe beim Verstecken einer Nuss beobachtet fühlt, versteckt er stattdessen bloß einen kleinen Stein.

Fidibus verneigte sich tief und drückte dabei den Gänserich mit zu Boden. Herr Günter hustete und versuchte, den Staub aus seinem Gefieder zu schütteln. »Auf einer meiner weiten und sehr … mpfh, mpfh …«, begann er auszuführen. Mehr brachte er nicht heraus, denn Fidibus hielt ihm wieder den Schnabel zu.

»Wenn der Fuchs spricht, hat der Gänsebraten Pause«, sagte er und verbeugte sich noch einmal.

Um ihn nicht zu verärgern, rief Monika laut: »Bravo!«

Und Schorsch klopfte mit seinem Regenwurmschwanzspitzenzipfelchen auf den Boden.

Fidibus drehte sich hin und her und konnte gar nicht genug Applaus bekommen. Immer wieder verbeugte er sich, weil Monika dann »Bravo!« rief und Schorsch Beifall klopfte.

»Soll ich noch etwas vorführen?«, fragte der Fuchs geschmeichelt. »Mögt ihr Zaubertricks?«

Dem kleinen Regenwurm fiel eine List ein. Sie waren zwar nicht groß und auch nicht stark genug, um den Fuchs zu besiegen. Aber vielleicht waren sie klug genug?

»Ich will deine Tricks nur sehen, wenn du Herrn Günter loslässt«, erklärte Schorsch. »Sonst verschwinde ich in meinen Wohngang.«

So sieht ein Fuchs aus

»Aber dort hörst du mich gar nicht mehr«, sagte Fidibus enttäuscht.

Monika verstand, was Schorsch vorhatte. »Wenn du Herrn Günter nicht loslässt, dann verkrieche ich mich in mein Häuschen«, drohte sie.

»Aber dann kannst du mich ja gar nicht mehr sehen«, protestierte der Fuchs niedergeschlagen. »Ich bin ein Künstler! Ich brauche Applaus und Publikum.«

Schorsch formte sich zu einem Fragezeichen: »Du musst dich eben entscheiden, was dir wichtiger ist.«

Fidibus dachte angestrengt nach. »Ihr meint, entweder Applaus oder Gänsebraten?«, fragte er zerknirscht.

»Genau«, sagte Schorsch. Er fing an, sich in der Erde zu verbuddeln.

Nun war Fidibus in der Zwickmühle. Einerseits hatte er großen Appetit. Er sah den Gänserich an und leckte sich das Maul. Andererseits hatte ihm die Bewunderung der Tiere sehr gefallen. Angestrengt dachte er nach und kratzte sich am Kopf. »Kann ich nicht beides haben?«

»Auf keinen Fall!«, protestierte Monika und kroch langsam in ihr Häuschen. Bald guckten nur noch ihre Fühler heraus. Und auch Schorsch war schon fast in der Erde. Von ihm konnte man jetzt nur noch den Kopf mit der grünen Kappe sehen. Und dann verschwanden auch Monikas Fühler in ihrem Häuschen.

»Halt!«, rief Fidibus aufgeregt. »Bleibt hier!«

Er war zwar gern allein, aber selbst ein einsamer Fuchs wie er sehnte sich nach Lob und Bewunderung. Widerwillig ließ er Herrn Günter frei.

Ein Fuchsbau besteht aus einer Röhre, die zum Wohnraum, dem sogenannten Kessel, führt. Dieser hat mehrere Notausgänge. Füchse mieten sich aber auch gern bei anderen Tieren ein und bilden eine friedliche Wohngemeinschaft mit Kaninchen.

Der Gänserich flatterte schnatternd ein paar Meter von Fidibus weg. Dann streckte er seine Flügel aus, klapperte mit dem Schnabel, untersuchte seine Flossen und sah nach, ob alles heil geblieben war. Der Fuchs hatte nur ein wenig sein Federkleid zerzaust. Aber sonst war Herr Günter gesund und munter. »Ich bin gerettet!«, rief er erleichtert.

Monika kroch so schnell sie konnte wieder aus ihrem Häuschen heraus. Schorsch ringelte sich aus dem Wohngang nach oben. Die drei Freunde drängten sich eng aneinander und waren so froh!

»Gut gemacht!«, lobte Monika den Fuchs. »Ein Künstler soll Freude verbreiten und nicht das Publikum auffressen.«

Fidibus kniff ein Auge zusammen. »Vielleicht hast du recht«, sagte er laut. Und leise murmelte er: »Vielleicht aber auch nicht.«

Niemand außer Schorsch hatte es gehört. Der kleine Wurm kratzte sich mit dem Regenwurmschwanzspitzenzipfelchen am Kopf und dachte nach. War Herr Günter wirklich nicht mehr in Gefahr?

»Verehrtes Publikum!«, rief Fidibus. »Ich führe nun ein paar verblüffende Zaubertricks vor.«

Monika, Schorsch und Herr Günter suchten sich einen Platz auf dem Kiesweg, von dem aus sie besonders gut sehen konnten. Inzwischen war es ganz dunkel im Garten, und Fidibus stellte sich unter die Laterne, die ihn wie ein Scheinwerfer ins richtige Licht setzte.

Füchse haben ein ausgezeichnetes Gehör und können die Bewegungen eines Regenwurms unter der Erde hören.

Deshalb konnte der Regenwurm sehr gut sehen, wie der Fuchs immer wieder zu Herrn Günter schielte und sich dabei über das Maul leckte. Schorsch guckte zu Monika, aber sie hatte nichts bemerkt. Ganz gebannt wartete sie darauf, was nun passierte.

»Kriech doch mal ein paar Runden um Herrn Günter herum«, bat er sie. »Und verteile dabei ganz viel von deinem glitschigen, rutschigen Schnirkelschneckenschleim.«

»Muss das gerade jetzt sein?«, fragte Monika. »Ich verpasse doch alles!«

Aber weil Schorsch sie drängte, tat sie ihm den Gefallen. Sie kroch sehr langsam und hinterließ dabei eine ordentliche Schleimspur. Zwischendurch hielt sie immer wieder an, um die Vorstellung zu sehen. Fidibus jonglierte nämlich sehr geschickt mit zwei Äpfeln.

Dann verkündete er: »Und jetzt lasse ich die Äpfel verschwinden!«

Der Fuchs drehte den drei Freunden seinen Rücken zu. Er warf erst einen Apfel und dann den anderen hoch in die Luft und rief dabei: »Simsalabim!« Als er sich wieder zu seinem Publikum umdrehte, waren die Äpfel verschwunden.

Monika staunte und rief begeistert: »Bravo!«

»Wie hast du das gemacht?«, wunderte sich Schorsch.

Dann bemerkte er, dass Fidibus plötzlich ganz dicke Backen hatte. Schnell kaute der Fuchs, schluckte und schleckte sich die Apfelreste vom Mund. Anschließend ließ er auf die gleiche Weise noch ein paar Vogelbeeren verschwinden, außerdem zwei Birnen und zwei Pflaumen.

»Fidibus ist wirklich ein großer Künstler«, sagte Monika bewundernd. Und selbst Herr Günter staunte. Natürlich hatte auch er längst bemerkt, dass Fidibus die

Sachen nicht verschwinden ließ, sondern einfach auffraß. Aber er machte das wirklich sehr geschickt.

Deshalb bekam er am Ende viel Applaus und Hochrufe.

»Juchhu!«, jubelte Monika.

»Großartig«, rief Herr Günter anerkennend.

Schorsch dachte, dass er sich vielleicht in Fidibus geirrt hatte. Die Vorstellung war zu Ende, und Herrn Günter ging es prächtig.

Der eitle Fuchs konnte gar nicht genug Beifall bekommen und verbeugte sich tief bis zum Boden. Und wieder konnte nur Schorsch, der direkt vor ihm auf der Erde lag, sehen, dass Fidibus dabei Herrn Günter anstarrte und sich das Maul leckte.

»Wollt ihr eine Zugabe?«, fragte der Fuchs, und seine Augen blitzten.

»Oh ja, bitte!«, rief Monika aufgeregt.

Fidibus verkündete, dass er als Höhepunkt der Show etwas ganz Großes verschwinden lassen würde. »Nämlich den dicken Gänserich!«

»Ich bin nicht dick!«, protestierte Herr Günter. »Ich bin lediglich stattlich!«

Aber Fidibus hörte gar nicht mehr zu. Er wollte sich

auf den Gänserich stürzen und ihn packen. Wie gut, dass um Herrn Günter herum sehr viel Schnirkelschneckenschleim klebte. Bevor der Fuchs den Gänserich schnappen konnte, rutschte er aus. Er schlitterte an ihm vorbei und sauste auf den Apfelbaum zu. Vergeblich ruderte er mit den Vorderbeinen, um auszuweichen. Es half nichts – mit einem lauten WUMMS! krachte er

gegen den Stamm. Durch den Zusammenstoß fielen alle Äpfel herunter und prasselten auf Fidibus herab.

»Aua!«, jaulte der Fuchs. Auf seinem Kopf und auf dem Rücken wuchsen große Beulen.

Er hob einen kleinen Ast auf und stützte sich ächzend darauf. »Ich gehe in den Wald«, jammerte er beleidigt. »Dort suche ich mir ein Fertiggericht. Das macht wenigstens keinen Ärger.«

Füchse fressen auch Aas, also tote Tiere. Das ist für sie sozusagen Fast Food, das sie nicht erst jagen müssen.

Fidibus humpelte davon, ohne sich noch einmal umzudrehen. »In diesen Garten komme ich nie wieder«, schimpfte er dabei. »Dieser alte, zähe Gänserich schmeckt sowieso nicht.«

Nun war Herr Günter wirklich in Sicherheit! Mit vor Schreck wackeligen Gänsebeinen stieg er über den Schneckenschleim und watschelte benommen auf Monika und Schorsch zu.

»Ach, meine lieben Freunde«, sagte er gerührt und schloss sie in seine Flügel. »Ihr habt mich gerettet!«

»Jawohl«, stimmte der Regenwurm zu und streckte sich ganz stolz so lang, wie er konnte. »Das haben wir.«

»Auf diesen Schreck brauche ich erst einmal einen Löwenzahn«, verkündete Herr Günter.

»Ich auch!«, sagte Schorsch. So eine Gänserichrettung machte wirklich hungrig.

Herr Günter zupfte mit dem Schnabel eine gelbe Blüte ab und teilte sie mit seinen Freunden.

Aber obwohl nun alles wieder gut war, wirkte Monika ganz betrübt und hatte keinen Appetit.

»Was hast du denn?«, fragte Herr Günter besorgt.

»Ich habe Sie in Gefahr gebracht«, sagte sie und ließ die Fühler hängen. »Dabei wollte ich bloß helfen.«

»Helfen ist auch wichtig!«, stimmte Herr Günter ihr zu. »Trotzdem solltest du nicht gleich jedem Fremden vertrauen.«

Monika nickte und dachte an Fidibus mit seinem schicken Fell und den spitzen Zähnen. »Ich bin so froh, dass ich nicht allein mit dem Fuchs war«, sagte sie.

»Ich ebenfalls!«, beteuerte Herr Günter.

»Na, und ich erst!«, rief Schorsch.

Weil es inzwischen viel zu dunkel war, um an den Gänseteich zurückzufliegen, machten sie es sich zusammen hinter dem Schuppen gemütlich. Dort lag noch das alte Gänsenest, in dem Herr Günter aus seinem Ei geschlüpft war. Es fühlte sich schön weich an, die Gänsemutter hatte es ja sorgfältig mit Seiten aus einem ABC-Buch ausgepolstert.

Herr Günter nahm jeden seiner Freunde unter einen Flügel, und sie kuschelten sich aneinander.

Schorsch machte es sich zwischen den Daunenfedern gemütlich. Auf der anderen Seite rutschte Monika unruhig hin und her. Etwas beschäftigte sie noch.

»Aber was machen wir, wenn wieder ein Fremder in Not ist?«, fragte sie ratlos.

»Ist doch klar wie Tümpelbrühe!«, antwortete Schorsch. »Dem helfen wir natürlich.«

»Aber nur wir drei zusammen. Und nie einer allein!«, ergänzte Herr Günter.

Das gefiel ihnen so gut, dass sie es noch einmal gemeinsam in die Dunkelheit riefen: »Alle zusammen! Und nie einer allein!«

INHALT

Seite 04

Die Kostümparty

Seite 36

Reingelegt!

Seite 70

So ein Schreck!

Seite 98

Ganz schön gefährlich

SCHLAUBERGERVORTRAG VON HERRN GÜNTER

ROTBAUCHUNKE

Was sind Rotbauchunken?
Rotbauchunken sind kleine Froschlurche. Sie haben zwischen ihren Fingern und Zehen Schwimmhäute. Auf ihrer Haut sind Drüsen, die wie Warzen aussehen und eine Flüssigkeit absondern, die in Augen und Nase brennt. So schützen sie sich vor dem Gefressenwerden. Wie alle Unken haben sie eine herzförmige Pupillenform. Die Männchen besitzen innen liegende Schallblasen. Diese verstärken die Rufe, mit denen sie die Weibchen anlocken.

Wo leben Rotbauchunken, und was fressen sie?
Rotbauchunken findet man auf Auen und Wiesen in der Nähe von sonnigen, bewachsenen Gewässern in Mitteleuropa. Sie wandern im Frühling von ihrem Winterquartier in feuchten Wäldern zum Laichgewässer. Dort legen die Weibchen ihre Eier im flachen Wasser ab. Die daraus schlüpfenden Kaulquappen entwickeln sich im Wasser und ernähren sich von Algen. Erwachsene Rotbauchunken leben am liebsten in flachen, krautigen Tümpeln und fressen hauptsächlich Insekten, die sie auf der Wasseroberfläche fangen, aber auch Mückenlarven oder Spinnen.

Welche Superkräfte besitzen Rotbauchunken?
Rotbauchunken können ihre Rückenfärbung an einen hellen oder dunklen Untergrund anpassen und sich damit fast unsichtbar machen. Wenn sie doch entdeckt werden, zeigen sie ihren stark gemusterten roten Bauch und warnen damit ihre Angreifer: »Vorsicht, ich bin giftig und schmecke scheußlich!«